РУССКІЯ

ДѢТСКІЯ СКАЗКИ.

собранныя А. Н. Аѳанасьевымъ.

СЪ КАРТИНКАМИ

(рисовалъ М. С. Башиловъ, рѣзалъ на деревѣ К. Рихау.)

I.

МОСКВА.

Типографія Грачева и Комп., у Пречистенскихъ воротъ, д. Шиловой.

1870.

ДѢТСКІЯ СКАЗКИ

РУССКІЯ

ДѢТСКІЯ СКАЗКИ,

собранныя А. Н. Аѳанасьевымъ.

СЪ КАРТИНКАМИ

(рисовалъ *М. С. Башиловъ*, рѣзалъ на деревѣ *К. Рихау*.)

I.

~~~~~~~~~

МОСКВА.

Типографія Грачева и Комп., у Пречистенскихъ воротъ, д. Шиловой.

1870.

Дозволено цензурою. Москва, августа 24-го 1870 года.

РУССКІЯ

ДѢТСКІЯ СКАЗКИ.

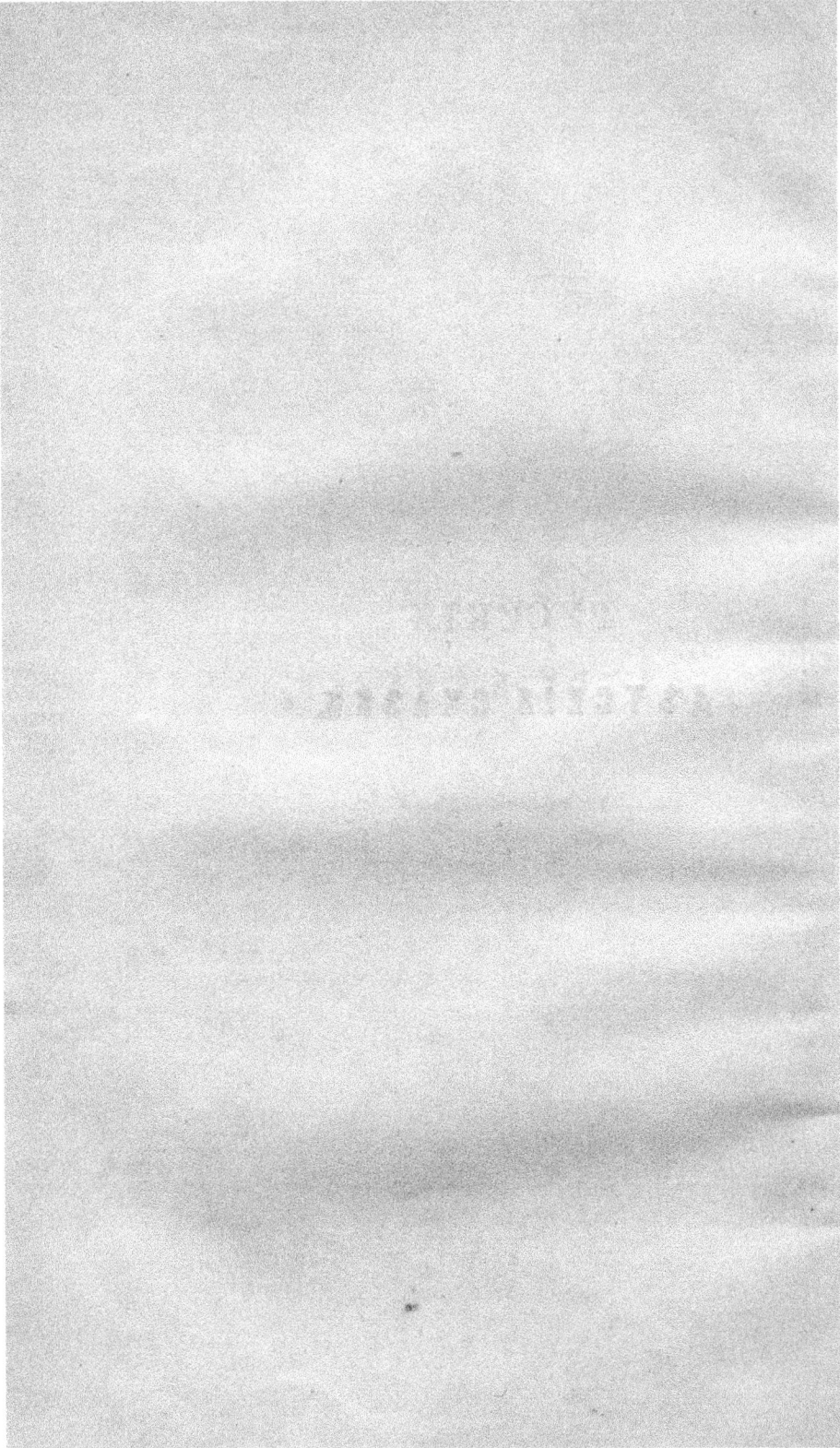

I. ЛИСИЧКА-СЕСТРИЧКА И ВОЛКЪ.

илъ себѣ дѣдъ да баба. Дѣдъ говоритъ бабѣ: «ты, баба, пеки пироги, а я запрягу сани да поѣду за рыбой». Наловилъ рыбы и везетъ домой цѣлый возъ. Вотъ ѣдетъ онъ и видитъ: лисичка свернулась калачикомъ и лежитъ на дорогѣ. Дѣдъ слѣзъ съ воза, подошелъ къ лисичкѣ, а она не ворохнется, лежитъ себѣ какъ мертвая. «Вотъ будетъ подарокъ женѣ!» сказалъ дѣдъ, взялъ лисичку и положилъ нá возъ, а самъ пошелъ впереди. А лисичка улучила время и стала выбрасывать полегоньку изъ воза все по рыбкѣ да по рыбкѣ, все по рыбкѣ да по рыбкѣ. Повыбросала всю рыбу, и сама ушла. «Ну, старуха, говоритъ дѣдъ, какой воротникъ привёзъ я тебѣ на шубу.»—Гдѣ? «Тамъ на возу—и рыба, и воротникъ.» Подошла баба къ возу: ни воротника, ни рыбы, и начала ругать мужа: «ахъ ты, старой хрѣнъ! такой-сякой! ты еще вздумалъ обманывать!» Тутъ дѣдъ смекнулъ,

д. р. с.   1 что лисичка-то была не мертвая; погоревалъ, погоревалъ, да дѣлать нечего.

А лисичка собрала всю разбросанную рыбу въ кучку, усѣлась на дорогѣ и кушаетъ себѣ. Приходитъ къ ней сѣрый волкъ: «здравствуй, сестрица!» — Здравствуй, братецъ! «Дай мнѣ рыбки!» — Налови самъ, да и кушай. «Я не умѣю.» — Эка, вить я-же наловила! ты, братецъ, ступай нà рѣку, опусти хвостъ въ прорубь, сиди да приговаривай: ловись рыбка и мала и велика, ловись рыбка и мала и велика! — рыба къ тебѣ сама на хвостъ нацѣпляется; да смотри, сиди подольше, а то не наловишь.

Волкъ пошелъ нà рѣку, опустилъ хвостъ въ прорубь и началъ приговаривать: «ловись рыбка и мала и велика! ловись рыбка и мала и велика!» Вслѣдъ за нимъ и лиса явилась, ходитъ около волка да причитываетъ: «ясни, ясни нà небѣ, мерзни, мерзни волчій хвостъ!» — Что ты, лисичка-сестричка, говоришь? «То я тебѣ помогаю» — а сама, плутовка, помннутно твердитъ: «мерзни, мерзни волчій хвостъ!» Долго-долго сидѣлъ волкъ у проруби, цѣлую ночь не сходилъ съ мѣста, хвостъ его и приморозило; попробовалъ было приподняться: не тутъ-то было! «Эка, сколько рыбы привалило, и не вытащишь!» думаетъ онъ. Смотритъ, а бабы идутъ за водой и кричатъ, завидя сѣраго: «волкъ, волкъ! бейте его! бейте его!» Прибѣжали и начали колотить волка — кто коромысломъ, кто ведромъ, чѣмъ кто попало. Волкъ прыгалъ, прыгалъ, оторвалъ себѣ хвостъ и пустился безъ оглядки бѣжать. «Хорошо же, думаетъ, ужь я тебѣ отплачу, сестрица!»

Тѣмъ временемъ, пока волкъ отдувался своими бо-
ками, лисичка-сестричка захотѣла попробовать, не
удастся ли еще что-нибудь стянуть; забралась въ одну
избу, гдѣ бабы пекли блины, да попала головой въ кад-
ку съ тѣстомъ, вымазалась и бѣжитъ. А волкъ ей на
встрѣчу: «такъ-то учишь ты? меня всего исколотили!»
—Эхъ, волчику-братику! говоритъ лисичка-сестричка,
у тебя хоть кровь выступила, а у меня мозгъ, меня
больнѣй твоего прибили; я насилу плетусь. «И то прав-
да, говоритъ волкъ; гдѣ ужъ тебѣ, сестрица, идти; са-
дись на меня, я тебя довезу.» Лисичка сѣла ему на
спину, онъ ее и понёсъ. Вотъ лисичка-сестричка сидитъ
да потихоньку напѣваетъ: «битый небитаго везетъ,
битый небитаго везетъ!» — Что ты, сестрица, гово-
ришь? «Я, братецъ, говорю: битый битаго везетъ.»
—Такъ, сестрица, такъ!

2. КОТЪ И ЛИСА.

ИЛЪ-былъ мужикъ, у него былъ котъ, только такой шкодливой, что бѣда! Надоѣлъ онъ мужику. Вотъ мужикъ думалъ-думалъ, взялъ кота, посадилъ въ мѣшокъ, завязалъ и понесъ въ лѣсъ. Принесъ и бросилъ его въ лѣсу: пускай пропадаетъ! Котъ ходилъ-ходилъ и набрѣлъ на избушку, въ которой лѣсникъ жилъ; залѣзъ на чердакъ и полёживаетъ себѣ, а захочетъ ѣсть — пойдетъ по лѣсу птичекъ да мышей ловить, наѣстся досыта и опять на чердакъ, и горя ему мало! Вотъ однажды пошелъ котъ гулять, а на встрѣчу ему лиса, увидала кота и дивится: «сколько лѣтъ живу въ лѣсу, а такого звѣря не видывала.» Поклонилась коту и спрашиваетъ: «скажись, доброй мòлодецъ, кто ты таковъ? какимъ случаемъ сюда зашелъ и какъ тебя по имени величать?» А котъ вскинулъ шерсть свою и говоритъ: «я изъ сибирскихъ лѣсовъ присланъ къ вамъ бурмистромъ, а зовутъ меня Котофей Ивановичъ.» — Ахъ, Котофей Ивановичъ! говоритъ лиса, не знала про тебя, не вѣдала; ну, пойдемъ-же ко мнѣ въ гости. Котъ пошелъ къ лисицѣ; она привела его въ свою нору и стала подчивать разною дичинкою, а сама выспрашиваетъ: «что, Котофей Ивановичъ, женатъ ты али холостъ?» — Холостъ, говоритъ котъ. «И я лисица—дѣвица, возьми меня замужъ.» Котъ согласился, и начались у нихъ пиръ да веселье. На другой день отправилась лиса добывать припасовъ, чтобъ было чѣмъ съ молодымъ мужемъ жить; а котъ остался дома. Бѣжитъ лиса, а на встрѣчу ей попадается волкъ и началъ съ нею заигрывать: «гдѣ ты, кума, пропадала? мы всѣ норы обыскали, а тебя не видали.» — Пусти, дуракъ! я прежде была лисица-дѣвица, а теперь замужня жена. «За кого-же ты вышла, Лизавета Ивановна?» — Развѣ ты не слыхалъ, что къ намъ изъ сибирскихъ лѣсовъ присланъ бурмистръ Котофей Ивановичъ? Я теперь бурмистрова жена! «Нѣтъ, не слыхалъ, Лизавета Ивановна. Какъ-бы на него посмотрѣть?» — У! Котофей Ивановичъ у меня такой сердитой: коли кто не по немъ, сейчасъ съѣстъ! ты смотри, приготовь барана да принеси ему на поклонъ; барана-то положи, а самъ схоронись, чтобъ онъ тебя не увидѣлъ, а то, братъ, туго придётся! Волкъ побѣжалъ за бараномъ. Идетъ лиса, а на встрѣчу ей медвѣдь и сталъ съ нею заигрывать. «Что ты, косолапый Мишка, пристаешь ко мнѣ? я прежде была лисица-дѣвица, а теперь замужня жена.» — За кого-же ты, Лизавета Ивановна, вышла? «А который присланъ къ намъ изъ сибирскихъ лѣсовъ бурмистромъ, зовутъ Котофей Ивановичъ, — за него и вышла.» — Нельзя ли посмотрѣть его, Лизавета Ивановна? «У! Котофей Ивановичъ у меня такой сердитой: коли кто не по немъ, сейчасъ съѣстъ! ты ступай, приготовь быка да принеси ему на поклонъ; волкъ барана хочетъ принесть. Да смотри, быка-то положи, а самъ схоронись, чтобъ Котофей Ивановичъ тебя не увидѣлъ, а то, братъ, туго придётся!» Медвѣдь пошелъ за быкомъ.

Принёсъ волкъ барана, ободралъ шкуру, и стоитъ
въ раздумьи; смотритъ — а медвѣдь быка тащитъ.
«Здравствуй, братъ Михайло Иванычъ!» — Здрав-
ствуй, братъ Левонъ! что не видалъ лисицы съ му-
жемъ? «Нѣтъ, братъ, давно дожидаю.» — Ступай, зови.
«Нѣтъ, не пойду, Михайло Иванычъ! самъ иди, ты
посмѣлѣй меня.» — Нѣтъ, братъ Левонъ! и я не пой-
ду. Вдругъ откуда не взялся — бѣжитъ заяцъ. Мед-
вѣдь какъ крикнетъ на него: «поди-ка сюда, косой
чортъ!» Заяцъ испугался, прибѣжалъ. «Ну что, косой
нострѣлъ! знаешь, гдѣ живетъ лисица?» — Знаю, Ми-
хайло Ивановичъ! «Ступай-же скорѣе да скажи ей,
что Михайло Ивановичъ съ братомъ Левономъ Ива-

нычемъ давно ужъ готовы, ждутъ тебя-де съ мужемъ, хотятъ поклониться быкомъ да баранамъ.» Заяцъ пустился къ лисѣ во всю свою прыть. А медвѣдь и волкъ стали думать, гдѣ бы спрятаться. Медвѣдь говоритъ: «я полѣзу на сосну.» — А мнѣ что-же дѣлать? я куда дѣнусь? спрашиваетъ волкъ. Вѣдь я на дерево ни за что не взберусь! Михайло Ивановичъ! схорони пожалуста куда-нибудь, помоги горю. Медвѣдь положилъ его въ кусты и завалилъ сухимъ листьемъ, а самъ взлѣзъ на сосну, на самую макушку, и поглядываетъ: не идетъ ли Котофей съ лисою? Заяцъ между тѣмъ прибѣжалъ къ лисицыной норѣ, постучался и говоритъ лисѣ: «Михайло Ивановичъ съ братомъ Левономъ Иванычемъ прислали сказать, что они давно готовы, ждутъ тебя съ мужемъ, хотятъ поклониться вамъ быкомъ да баранамъ.» — Ступай, косой! сейчасъ будемъ.

Вотъ идетъ котъ съ лисою. Медвѣдь увидалъ ихъ и говоритъ волку: «ну, братъ Левонъ Иванычъ, идетъ лиса съ мужемъ; какой-же онъ маленькой!» Пришелъ котъ и сейчасъ-же бросился на быка, шерсть на немъ взъерошилась, и началъ онъ рвать мясо и зубами, и лапами, а самъ мурлычетъ, будто сердится: «мало, мало!» А медвѣдь говоритъ: «невеликъ да прожористъ! намъ четверымъ не съѣсть, а ему одному мало; пожалуй, и до насъ доберется!» Захотѣлось волку посмотрѣть на Котофея Ивановича да сквозь листья не видать! и началъ онъ прокапывать надъ глазами листья; котъ услыхалъ, что листъ шевелится, подумалъ, что это — мышь, да какъ кинется, и вцѣпился когтями въ волчью морду. Волкъ вскочилъ да давай Богъ ноги! А котъ самъ испугался и бросился прямо

на дерево, гдѣ медвѣдь сидѣлъ. «Ну, думаетъ мед-
вѣдь, увидалъ меня!» Слѣзать-то некогда, вотъ онъ
положился на божью волю и кинулся съ дерева на-
земь — всѣ печенки отбилъ; вскочилъ да бѣжать. А
лисица вслѣдъ кричитъ: «вотъ онъ задастъ вамъ! погоди-
те!» Съ той поры всѣ звѣри стали кота бояться; а котъ
съ лисой запаслись на цѣлую зиму мясомъ, и стали се-
бѣ жить да поживать, и теперь живутъ, хлѣбъ жуютъ.

3. МЕДВѢДЬ, СОБАКА И КОШКА.

ГДѢ-то, на деревнѣ, была у мужика добрая со-
бака, да какъ устарѣла — перестала и лаять
и оберегать дворъ съ анбарами. Не захотѣлъ му-
жикъ кормить ее хлѣбомъ, прогналъ со двора. Собака
ушла въ лѣсъ и легла подъ дерево издыхать. Вдругъ
идетъ медвѣдь и спрашиваетъ: «что ты, песъ, улегся
здѣсь?» — Пришелъ околѣвать съ голоду! Видишь,
нынче какая у людей правда: покуда есть сила — кор-
мятъ и поятъ, а какъ пропадетъ сила отъ старости
— ну и прогонятъ со двора! «А что, песъ! хочется
тебѣ ѣсть?» — Еще какъ хочется-то! «Ну, пойдемъ
со мною; я тебя накормлю.» Вотъ и пошли. Попадает-
ся имъ на встрѣчу лошадь. «Гляди на меня!» ска-
залъ медвѣдь собакѣ и сталъ лапами рвать землю.
«Песъ, а песъ!» — Ну, что? «Посмотри-ка, красны ли
мои глаза?» — Красны, медвѣдь! Медвѣдь еще сер-
дитѣе началъ рвать землю. «Песъ, а песъ! что шерсть
взъерошилась?» — Взъерошилась, медвѣдь! «Песъ, а

песъ! что хвостъ поднялся?» — Поднялся! Вотъ медвѣдь схватилъ лошадь за брюхо; лошадь упала наземь. Медвѣдь разорвалъ ее и говоритъ: «ну, песъ! ѣшь, сколько угодно. А какъ приберешь все, приходи ко мнѣ.» Живетъ себѣ собака, ни о чемъ не тужитъ; а какъ съѣла все да проголодалась опять, побѣжала къ медвѣдю. «Ну что, братъ, съѣлъ?» — Съѣлъ; теперь опять пришлось голодать. «Зачѣмъ голодать! Знаешь ли, гдѣ ваши бабы жнутъ?» — Знаю. «Ну, пойдемъ; я подкрадусь къ твоей хозяйкѣ и ухвачу изъ зыбки ея ребенка, а ты догоняй меня да отнимай его. Какъ отнимешь, и отнеси назадъ; она за то станетъ тебя по старому кормить хлѣбомъ.» Вотъ ладно, прибѣжалъ медвѣдь, подкрался и унёсъ ребенка изъ зыбки. Ребенокъ закричалъ, бабы бросились за медвѣдемъ, догоняли-догоняли и не могли нагнать, такъ и воротились; мать плачетъ, бабы тужатъ. Откуда не взялась собака, догнала медвѣдя, отняла ребенка и несетъ его назадъ. «Смотрите, говорятъ бабы, старой-то песъ отнялъ ребенка!» Побѣжали на встрѣчу. Мать ужь такъ рада-рада; «теперь, говоритъ, я эту собаку ни-за-что не покину!» Привела ее домой, налила молочка, покрошила хлѣбца и дала ей: «на, покушай!» А мужику говоритъ: «нѣтъ, муженёкъ, нашу собаку надо беречь да кормить; она моего ребенка у медвѣдя отняла. А ты сказывалъ, что у нея силы нѣтъ!» Поправилась собака, отъѣлась: «дай Богъ, говоритъ, здоровья медвѣдю! не далъ помереть съ голоду» — и стала медвѣдю первый другъ.

Разъ у мужика была вечеринка. На ту пору медвѣдь пришелъ къ собакѣ въ гости. «Здорово, песъ!

ну, какъ поживаешь-хлѣбъ поѣдаешь?» — Слава Богу! отвѣчаетъ собака; не житье, а масленица. Чѣмъ-же тебя подчивать? Пойдемъ въ избу; хозяева загуляли и не увидятъ, какъ ты пройдешь; а ты войди въ избу да поскорѣй подъ печку. Вотъ я что добуду, тѣмъ и стану тебя подчивать. — Ладно, забрались въ избу. Собака видитъ, что гости и хозяева порядкомъ перепились, и ну угощать прiятеля. Медвѣдь выпилъ стаканъ, другой, и поразобрало его. Гости затянули пѣсни, и медвѣдю захотѣлось, сталъ свою заводить; а собака уговариваетъ: «не пой; не то бѣда будетъ!» Куды! медвѣдь не утихаетъ, а все громче заводитъ свою пѣсню. Гости услыхали вой, похватали колья и давай бить медвѣдя; онъ вырвался да бѣжать, еле-еле живъ уплёлся.

Была у мужика еще кошка; перестала ловить мышей, и ну проказить: тамъ посудину разобьетъ, тамъ молоко прольетъ. Мужикъ прогналъ кошку изъ дому, а собака видитъ, что она бѣдствуетъ безъ ѣды, и начала потихоньку носить къ ней хлѣба да мяса. Узнала про это хозяйка, принялась собаку бить, била-била, а сама приговаривала: «не таскай кошкѣ говядины, не носи кошкѣ хлѣба!» Вотъ дня черезъ три вышла собака со двора, и видитъ, что кошка совсѣмъ съ голоду издыхаетъ. «Что съ тобой?» — Съ голоду помираю: потуда и сыта была, покуда ты меня кормила. «Пойдемъ со мною.» Вотъ и пошли. Приходитъ собака къ табуну, и начала копать землю лапами, а сама спрашиваетъ: «кошка, а кошка! что глаза мои красны?» — Ничего не красны. «Говори, что красны!» Кошка и говоритъ: красны. «Кошка, а кошка!

что шерсть ощетинилась?» — Нѣтъ, не ощетинилась. «Говори, дура, что ощетинилась!» — Ну, ощетинилась. «Кошка, а кошка! что хвостъ поднялся?» — Ничего не поднялся. «Говори, дура, что поднялся!» — Ну, поднялся. Собака какъ бросится на лошадь, а лошадь какъ ударитъ ее задомъ: у собаки и духъ вонъ! «Вотъ теперь, говоритъ кошка, и впрямь глаза кровью налились, шерсть взъерошилась и хвостъ завился. Прощай, братъ собака! и я пойду помирать.»

4. СОБАКА И ДЯТЕЛЪ.

Ыли-жили мужикъ да баба и не знали, что такое работа; а была у нихъ собака, она ихъ и кормила и поила. Но пришло время, стала собака стара; куда ужь тутъ кормить мужика съ бабою! чуть сама съ голоду не пропадаетъ. «Послушай, старикъ! говоритъ баба; возьми ты эту собаку, отведи за деревню и прогони: пусть идетъ, куда хочетъ. Теперь она намъ не надобна! Было время, кормила насъ, ну и держали ее.» Взялъ старикъ собаку, вывелъ за деревню и погналъ прочь. Вотъ собака ходитъ себе по чистому полю, а домой идти боится: старикъ со старухою станутъ бить-колотить. Ходила-ходила, села наземь и завыла крепкимъ голосомъ. Летелъ мимо дятелъ и спрашиваетъ: «о чемъ, ты воешь? — Какъ не выть мне, дятелъ! Была я молода, кормила-поила старика со старухою; стала стара, они меня и прогнали. Не знаю, где векъ доживать. «Пойдемъ ко мне, караулъ моихъ детушекъ, а я кормить тебя стану.» Собака согласилась и побежала за дятломъ. Дятелъ прилетелъ въ лесъ къ старому дубу, а въ дубе было дупло, въ дупле дятлово гнездо. «Садись около дуба, говоритъ дятелъ, никого не пускай, а я полечу разыскивать корму.» Собака уселась возле дуба, а дятелъ полетелъ. Долго ли, коротко ли — воротился онъ къ дубу и говоритъ собаке: «пойдемъ скорее въ деревню;

тамъ свадьбу играютъ, будетъ чѣмъ поживиться.» И
тотчасъ пустились въ деревню. Птица прилетѣла въ
избу, гдѣ мужики свадьбу справляли, и начала по сто-
ламъ бѣгать, а гости стали кидать въ нее — кто чѣмъ
попало, все перебили и подъ столъ перебросали; въ
такой суматохѣ собака незамѣтно пробралась въ туже
избу, затесалась подъ столъ, наѣлась, сколько душѣ
угодно, и ушла. «Ну, что сыта?» спрашиваетъ дятелъ.
— Сыта-то сыта, да пить хочу! говоритъ собака. «Сту-
пай въ сосѣднюю избу, тамъ старикъ вино цѣдитъ изъ
бочки.» Дятелъ влетѣлъ въ окошко, сѣлъ на бочку и
ну долбить въ самое дно. Старикъ хотѣлъ ударить
дятла, кинулъ въ него воронкой, да не попалъ; ворон-
ка куда-то закатилась: старикъ и туда, и сюда, не мо-
жетъ найдти, а вино изъ бочки льется да льется на-

земь. Собака пробралась въ избу, напилась и назадъ. Сошлась съ дятломъ и говоритъ ему: «я теперь и сыта и пьяна, хочу вдоволь насмѣяться!» — Ладно, отвѣчаетъ дятелъ. Вотъ увидали они, что работники хлѣбъ молотятъ. Дятелъ тотчасъ сѣлъ къ одному работнику на плечо и сталъ клевать его въ затылокъ; а другой парень схватилъ палку, хотѣлъ ударить птицу, да огрѣлъ работника, и началась между ними драка... А собака отъ смѣху такъ по землѣ и катается!

Послѣ того дятелъ съ собакою пустились въ чистое поле и повстрѣчали лисицу. Дятелъ началъ манить лисицу: чуть-чуть подымется вверхъ и опять опустится внизъ; лиса ну гоняться за нимъ пó полю, а собака подкралась сзади къ лисицѣ, подползла на брюхѣ, хвать ее за шею и начала грызть. На ту пору ѣхалъ въ городъ мужикъ съ возомъ, горшки продавать; увидѣлъ, что собака лису давитъ, прибѣжалъ къ нимъ съ полѣномъ, ударилъ со всего размаху, убилъ и ту и другую. Озлился дятелъ на старика; сѣлъ его лошади на голову и сталъ выклёвывать ей глаза. Мужикъ бѣжитъ съ полѣномъ, хочетъ убить дятла; прибѣжалъ, какъ хватитъ — лошадь тутъ-же и повалилась мертвая. А дятелъ увернулся, перелетѣлъ нá возъ и пошелъ бѣгать по горшкамъ, а самъ такъ и бьетъ крыльями. Мужикъ за нимъ, и ну полѣномъ по возу-то, по возу-то; перебилъ всѣ горшки и пошелъ домой ни съ чѣмъ, а дятелъ улетѣлъ въ лѣсъ.

5. ЖУРАВЛЬ И ЦАПЛЯ.

Жили-были журавль да цапля, построили себѣ по концамъ болота избушки. Журавлю показалось скучно жить одному, и задумалъ онъ жениться. «Дай пойду, посватаюсь на цаплѣ!» Пошелъ журавль — тяпъ, тяпъ! семь верстъ болото мѣсилъ; приходитъ и говоритъ: «дома ли цапля?» — Дома. «Выдь за меня замужъ.» — Нѣтъ, журавль, не йду за тебя замужъ: у тебя ноги долги, платье коротко, прокормить жену печѣмъ! Ступай прочь, долговязой! — Журавль, какъ несолоно похлебалъ, ушелъ домой. Цапля послѣ раздумалась и сказала: «чѣмъ жить одной, лучше пойду замужъ за журавля.» Приходитъ къ журавлю и говоритъ: «журавль, возьми меня замужъ!» — Нѣтъ, цапля, мнѣ тебя не надо! не хочу жениться, не беру тебя замужъ. Убирайся! — Цапля заплакала со стыда и воротилась назадъ. Журавль раздумался и сказалъ:

«напрасно нѐ взялъ за себя цаплю; вѣдь одному-то
скучно! Пойду теперь и возьму ее замужъ.» Прихо-
дитъ и говоритъ: «цапля! я вздумалъ на тебѣ женить-
ся; поди за меня.» — Нѣтъ, долговязой, не йду за тебя
замужъ! Пошелъ журавль домой. Тутъ цапля разду-
малась: «зачѣмъ отказала такому мòлодцу? одной-то
жить невесело, лучше за журавля пойду!» Приходитъ
свататься, а журавль не хочетъ. Вотъ такъ-то и хо-
дятъ они по сю пору однъ на другомъ свататься, да
никакъ не женятся.

6. ЗОЛОТАЯ РЫБКА.

На морѣ-на окіянѣ, на островѣ на Буянѣ стояла
небольшая ветхая избушка; въ той избушкѣ
жили старикъ да старуха. Жили они въ великой бѣд-
ности; старикъ сдѣлалъ сѣть и сталъ ходить нà море
да ловить рыбу: тѣмъ только и добывалъ себѣ дневное
пропитаніе. Разъ какъ-то закинулъ старикъ свою сѣть,
началъ тянуть и показалось ему такъ тяжело, такъ
тяжело, какъ доселева никогда не бывало: еле-еле вы-
тянулъ. Смотритъ, а сѣть пуста: всего-навсего одна
рыбка попалась, за то рыбка не простая — золотая.
Возмолилась ему рыбка человѣчьимъ голосомъ: «не
бери меня, старичокъ! пусти лучше въ синё море; я
тебѣ сама пригожусь: чтò пожелаешь, то и сдѣлаю.»
Старикъ подумалъ-подумалъ и говоритъ: «мнѣ ничего
отъ тебя не надобно; ступай-гуляй въ морѣ!» Бросилъ

золотую рыбку въ воду и воротился домой. Спрашиваетъ его старуха: «много ли поймалъ, старикъ?» — Да всего-навсего одну золотую рыбку, и ту бросилъ въ море; крѣпко она возмолилась: отпусти, говорила, въ синё море; я тебѣ въ пригоду стану: что пожелаешь, все сдѣлаю! Пожалѣлъ я рыбку, нё взялъ съ нея выкупу, даромъ на волю пустилъ. «Ахъ ты, старой дуракъ! попалось тебѣ въ руки большое счастье, а ты и владать не съумѣлъ.» Озлилась старуха, ругаетъ старика съ утра до вечера, не даетъ ему спокоя: «хоть бы хлѣба у ней выпросилъ! вѣдь скоро сухой корки не будетъ; что жрать-то станешь?» Не выдержалъ старикъ, пошелъ къ золотой рыбкѣ за хлѣбомъ; пришелъ на море и крикнулъ громкимъ голосомъ: «рыбка, рыбка! стань въ море хвостомъ, ко мнѣ головой.» Рыбка приплыла къ берегу: «что тебѣ, старикъ, надо?» — Старуха осерчала, за хлѣбомъ прислала. «Ступай домой, будетъ у васъ хлѣба вдоволь.» Воротился старикъ: «ну что, старуха, есть хлѣбъ?» — Хлѣба-то вдоволь; да вотъ бѣда: корыто раскололось, нё въ чемъ бѣлье мыть; ступай къ золотой рыбкѣ, попроси, чтобъ новое дала. Пошелъ старикъ на море: «рыбка, рыбка! стань въ море хвостомъ, ко мнѣ головой.» Приплыла золотая рыбка: «что тебѣ надо, старикъ?» — Старуха прислала, новое корыто проситъ. «Хорошо, будетъ у васъ и корыто.» Воротился старикъ, только въ дверь, а старуха опять на него накинулась: «ступай, говоритъ, къ золотой рыбкѣ, попроси, чтобъ новую избу построила; въ нашей жить нельзя, того и смотри, что развалится!» Пошелъ старикъ на море: «рыбка, рыбка! стань въ море хвостомъ, ко мнѣ головой.» Рыбка при-

плыла, стала къ нему головой, въ море хвостомъ, и
спрашиваетъ: «что тебѣ, старикъ, надо?» — Построй
намъ новую избу; старуха ругается, не даетъ мнѣ
спокою; не хочу, говоритъ, жить въ старой избушкѣ:
она — того и смотри — вся развалится! «Не тужи,
старикъ! ступай домой да молись Богу, все будетъ
сдѣлано.» Воротился старикъ — на его дворѣ стоитъ
изба новая, дубовая, съ вырѣзными узорами. Выбѣга-
етъ къ нему на встрѣчу старуха, пуще прежняго сер-
дится, пуще прежняго ругается: «ахъ ты, старой ду-
ракъ! не умѣешь ты счастьемъ пользоваться. Выпро-
силъ избу, и чай думаешь — дѣло сдѣлалъ! Нѣтъ,
ступай-ка опять къ золотой рыбкѣ да скажи ей: не хочу
я быть крестьянкою, хочу быть воеводихой, чтобъ
меня добрые люди слушались, при встрѣчахъ въ поясъ
кланялись.» Пошелъ старикъ на море, говоритъ гром-
кимъ голосомъ: «рыбка, рыбка! стань въ море хво-
стомъ, ко мнѣ головой.» Приплыла рыбка, стала въ
море хвостомъ, къ нему головой: «что тебѣ, старикъ,
надо?» Отвѣчаетъ старикъ: «не даетъ мнѣ старуха
спокою, совсѣмъ вздурилась: не хочетъ быть крестъ-
янкою, хочетъ быть воеводихой. «Хорошо, не тужи!
ступай домой да молись Богу, все будетъ сдѣлано.»
Воротился старикъ, а вмѣсто избы каменный домъ
стоитъ, въ три этажа выстроенъ; по двору прислуга
бѣгаетъ, на кухнѣ повара стучатъ, а старуха въ до-
рогомъ парчевомъ платьѣ на высокихъ креслахъ си-
дитъ да приказы отдаетъ. «Здравствуй, жена!» гово-
ритъ старикъ. — Ахъ ты, невѣжа эдакой! какъ смѣлъ
обозвать меня воеводиху своею женою? Эй, люди! взять
этого мужичонка на конюшню и отодрать плетьми,

какъ можно, больнѣе. Тотчасъ прибѣжала прислуга, схватила старика за шиворотъ и потащила въ конюшню; начали конюхи угощать его плетьми, да такъ угостили, что еле на ноги поднялся. Послѣ того старуха поставила старика дворникомъ; велѣла дать ему метлу, чтобъ дворъ убиралъ, а кормить и поить его на кухнѣ. Плохое житье старику; цѣлый день дворъ убирай, а чуть гдѣ нечисто — сейчасъ на конюшню! «Экая вѣдьма! думаетъ старикъ; далось ей счастье, а она какъ свинья зарылась; ужь и за мужа меня не считаетъ!» Ни много, ни мало прошло времени; придокучило старухѣ быть воеводихой, потребовала къ себѣ старика и приказываетъ: «ступай, старой дуракъ! къ золотой рыбкѣ, скажи ей: не хочу я быть воеводихой, хочу быть царицею.» Пошелъ старикъ на море: «рыбка, рыбка! стань въ море хвостомъ, ко мнѣ головой.» Приплыла золотая рыбка: «что тебѣ, старикъ, надо?» — Да что! вздурилась моя старуха пуще прежняго: не хочетъ быть воеводихой, хочетъ быть царицею. «Не тужи! ступай домой да молись Богу, все будетъ сдѣлано.» Воротился старикъ, а вмѣсто прежняго дома высокой дворецъ стоитъ, подъ золотою крышею; кругомъ часовые ходятъ да ружьями выкидываютъ; позади большой садъ раскинулся, а передъ самымъ дворцомъ — зеленый лугъ; на лугу войска собраны. Старуха нарядилась царицею, выступила на балконъ съ генералами да съ боярами, и начала дѣлать тѣмъ войскамъ смотръ и разводъ: барабаны бьютъ, музыка гремитъ, солдаты «ура» кричатъ! Ни много, ни мало прошло времени, придокучило старухѣ быть царицею, велѣла розыскать старика и представить предъ свои

2*

очи свѣтлыя. Поднялась суматоха, генералы суетятся,
бояре бѣгаютъ: «какой-такой старикъ?» Насилу на-
шли его на заднемъ дворѣ, повели къ царицѣ. «Слу-
шай, старой дуракъ! говоритъ ему старуха; ступай
къ золотой рыбкѣ, да скажи ей: не хочу быть царицею,
хочу быть морскою владычицей, чтобы всѣ моря и всѣ
рыбы меня слушались.» Старикъ было отнѣкиваться;
куда тебѣ! коли не пойдешь — голова долой! Скрѣпя
сердце, пошелъ старикъ на море, пришелъ и говоритъ:
«рыбка, рыбка! стань въ море хвостомъ, ко мнѣ голо-
вой.» Золотой рыбки нѣтъ, какъ нѣтъ! Зоветъ старикъ
въ другой разъ — опять нѣту! Зоветъ въ третій разъ
— вдругъ море зашумѣло, взволновалося: то было
свѣтлое, чистое, а тутъ совсѣмъ почернѣло. Прилы-
ваетъ рыбка къ берегу: «что тебѣ, старикъ, надо?» —
Старуха еще пуще вздурилася: ужь не хочетъ быть

царицею, хочетъ быть морскою владычицей, надъ всѣ-
ми водами властвовать, надъ всѣми рыбами повелѣвать.
Ничего не сказала старику золотая рыбка, повернy-
лась и ушла въ глубину моря. Старикъ воротился на-
задъ, смотритъ и глазамъ не вѣритъ: дворца какъ не
бывало, а на его мѣстѣ стоитъ небольшая ветхая из-
бушка, а въ избушкѣ сидитъ старуха въ изодранномъ
сарафанѣ. Начали они жить по прежнему; старикъ
опять принялся за рыбную ловлю; только какъ часто
ни закидывалъ сѣтей въ море, не удалось ему больше
поймать золотой рыбки.

7. МОРОЗКО.

старика, у старухи было три дочери. Старшая
дочь доводилась старухѣ падчерицей; отъ того
старуха ее не любила, съ ранняго утра и до вечера
ее журила и нарочно утруждала бѣдняжку работою.
Падчерица должна была подыматься до свѣту; она и
дрова и воду носила, и печку топила, и полы подме-
тала, и скотинѣ кормъ задавала; но старуха и тутъ
была недовольна и на Марѳушу то и дѣло ворчала:
экая лѣнивица, экая неряха! и голикъ-то не у мѣста,
и ухватъ не такъ поставленъ, и въ избѣ-то сорно.
Дѣвушка молчала и плакала. Она всячески старалась
приноровиться къ мачихѣ и угодить ея дочкамъ; но и
сестры, глядя на мать, Марѳушу во всёмъ обижали,
ссорились съ нею и нерѣдко доводили ее до слезъ: то

имъ и любо было! Сами онѣ просыпались поздно, приготовленной водицею умывались, чистымъ полотенцемъ утирались, а за работу садились, когда пообѣдаютъ. Вотъ наши дѣвицы росли да росли, стали большими и сдѣлались невѣстами. Скоро сказка сказывается, да нескоро дѣло дѣлается. Старику жалко было старшей дочери; онъ любилъ ее за то, что была послушная, работящая, никогда не упрямилась, никому не поперечила, что заставятъ — то и дѣлаетъ; да не зналъ старикъ чѣмъ пособить горю. Самъ былъ хилъ, старуха ворчунья, а дочки ея лѣнивицы и упрямицы.

Вотъ наши старики стали думу думать: отецъ какъ-бы дочерей пристроить, а мачиха — какъ-бы старшую съ рукъ сбыть. Однажды старуха и говоритъ старику: «ну, старикъ! отдадимъ Марѳушу замужъ.» — Ладно! сказалъ старикъ и полѣзъ на полати; а старуха вслѣдъ ему: «завтра встань пораньше, запряги лошадь въ дровни и поѣзжай съ Марѳуткой; а ты, Марѳутка, собери свое добро въ коробейку да надѣнь чистую сорочку: поѣдешь съ отцемъ въ гости!» Добрая Марѳуша обрадовалась, что ее повезутъ въ гости, и всю ночь спала сладкимъ сномъ; поутру встала, умылась, Богу помолилась, собрала свое добро въ коробейку и сама нарядилась, и была дѣвка — хоть куда невѣста! Старикъ ни свѣтъ-ни зоря запрёгъ лошадь въ дровни, подвёлъ ко крыльцу и вошелъ въ избу, сѣлъ на лавку и сказалъ: «ну, я все изладилъ! а ты, Марѳуша, готова?» — Готова, батюшка! «А коли готовы, такъ садитесь за столъ да жрите!» крикнула на нихъ старуха. Старикъ съ дочкою сѣли за столъ; а старуха подала имъ ковригу черстваго хлѣба да миску старыхъ щей,

и промолвила: «ну, голубка, ѣшь поскорѣе да убирай-
ся съ глазъ моихъ; я вдоволь на тебя нагляделась!...
Старикъ! увези Марѳутку къ жениху; да смотри, ста-
рый хрычъ, сперва поѣзжай по дорогѣ, а послѣ сверни
направо, на темный боръ, — знаешь, прямо къ той
большой соснѣ, что на пригоркѣ стоитъ, и тамъ отдай
Марѳутку за добраго мòлодца за Морозка.» Старикъ
вытаращилъ глаза, разинулъ ротъ и пересталъ щи
хлебать, а дѣвка завыла. «Ну, что тутъ нюни-то рас-
пустила! Вѣдь женихъ-то красавецъ и богачъ! Смо-
три-ко, сколько у него добра: всѣ ёлки, сосны и бе-
рёзы въ пуху; житье-то завидное, да и самъ онъ бога-
тырь!» Старикъ всталъ молча, поклалъ пожитки на
дровни, велѣлъ дочери накинуть шубу, и пустился съ
нею въ дорогу. Долго ли ѣхалъ, скоро ли приѣхалъ?
— не вѣдаю: скоро сказка сказывается, нескоро дѣло
дѣлается. Наконецъ доѣхалъ до бору, своротилъ съ
дороги, и забравшись въ непроходную глушь, остано-
вился и велѣлъ дочери слѣзать; здѣсь подъ огромной
сосной поставилъ онъ коробейку, усадилъ на ней свою
дочку и сказалъ: «сиди и жди жениха, да смотри —
принимай ласковѣе.» А послѣ заворотилъ лошадь — и
домой.

Дѣвушка сидитъ на коробейкѣ и дрожитъ; ознобъ
ее пробралъ. Хотѣла бы заплакать, да въ очахъ слезъ
нѣту! Вдругъ слышитъ: невдалекѣ Морозко на ёлкѣ
потрескиваетъ, съ ёлки на ёлку поскакиваетъ да по-
щелкиваетъ. Очутился онъ возлѣ дѣвицы и говоритъ
ей съ высокой сосны: «тепло-ль тебѣ, дѣвица? тепло-ль
тебѣ, красная?» — Тепло, тепло, Морозушко! Морозко
сталъ ниже спускаться, больше потрескивать, громче

пощелкивать, и спрашивает дѣвицу: «тепло-ль тебѣ, дѣвица? тепло-ль тебѣ, красная?» Дѣвица чуть духъ переводитъ, а все говоритъ: «тепло, тепло, Морозушко!» Морозко пуще затрещалъ, сильнѣе защелкалъ, и опять спрашиваетъ: «тепло-ль тебѣ, дѣвица? тепло-ль тебѣ, красная?» Дѣвица начинала замерзать и чуть слышно отвѣчала: «ой, голубчикъ Морозушко! божье тепло, божье и холодно!» Тутъ Морозко сжалился, окуталъ дѣвицу шубами, отогрѣлъ одѣялами.

На утро говоритъ старуха мужу: «поѣзжай, старый хрычъ, въ поле да буди молодыхъ!» Старикъ запрёгъ лошадь и поѣхалъ. Подъѣхавши къ дочери, онъ нашелъ ее живую, на ней шубу хорошую, фату дорогую, и коробъ съ богатыми подарками. Не тратя времени на распросы, старикъ сложилъ все на возъ, сѣлъ съ дочерью и отправился домой. Какъ-же изумилась старуха, когда увидѣла свою падчерицу здравою и невредимою, да еще въ новой шубѣ и дорогой фатѣ: «э, голубушка! постой, меня не проведёшь!»

Вотъ, немного спустя, говоритъ старуха мужу: «увези-ка и моихъ дочерей къ жениху; онъ ихъ еще не такъ одаритъ!» Нескоро дѣло дѣлается, скоро сказка сказывается. Рано поутру старуха дочекъ своихъ накормила, и какъ слѣдуетъ — подъ вѣнецъ, убрала-нарядила и въ путь отпустила. Старикъ свезъ ихъ на тоже мѣсто, куда и Мареушу возилъ, и оставилъ подъ сосною. Наши дѣвицы сидятъ да посмѣиваются: «что это у матушки выдумано — въ лѣсу замужъ отдавать? развѣ въ нашей деревнѣ нѣтъ и ребятъ! Неровёнъ чортъ пріѣдетъ — не будешь знать, какъ и отвязаться!» Дѣвушки были въ шубахъ, а все-таки прозябли. «Что, Параха? меня морозъ по кожѣ подираетъ. Ну, какъ суженой-ряженой не пріѣдетъ? вѣдь мы замерзнемъ...» — Полно, Машка, врать! коли женихи рано собираются? «А что, Параха, коли пріѣдетъ одинъ, кого онъ возьмётъ?» — Не тебя ли, дурище! «А то небось — тебя!» И пошли другъ дружку отчитывать... Вотъ Морозко началъ потрескивать, съ ёлки на ёлку поскакивать да громко-звонко пощелкивать. Дѣвицамъ показалось, что женихъ ѣдетъ. «Чу, Параха! ужъ ѣдетъ, да съ колокольчикомъ.» А Морозко все ближе да ближе; наконецъ очутился на высокой соснѣ, наклонился къ дѣвицамъ и спрашиваетъ: «тепло ли вамъ, дѣвицы? тепло ли вамъ, красныя?» — Ой, Морозко, больно студёно! мы чуть не замерзли; ждёмъ суженаго, а онъ запропалъ куда-то — чтобъ ему пусто было! Морозко сталъ ниже спускаться, пуще потрескивать, чаще пощелкивать: «тепло ли вамъ, дѣвицы? тепло ли вамъ, красныя?» — Поди ты къ чорту! что пристаешь? вишь у насъ руки и ноги отымаются. Морозко еще ниже спустился да такъ пріударилъ, что дѣвицы совсѣмъ окостенѣли.

На утро говоритъ старуха: «запряги, старикъ, пошевни, положи охапочку сѣна да возьми теплыя одѣяла. Чай дѣвки продрогли; на дворѣ-то страшной морозъ! Да проворнѣй поворачивайся, старый хрычъ!» Старикъ живо собрался; не успѣла старуха и позавтракать, какъ онъ былъ уже въ дорогѣ. Пріѣхалъ къ соснѣ, а дочки лежатъ мертвыя. Онъ поднилъ ихъ, положилъ въ пошевни, покрылъ одѣялами и повезъ домой. Старуха выбѣжала къ нему на встрѣчу: «гдѣ мои дѣтки?» Бросилась къ пошевнямъ, поснимала одѣяла— и словно гроза разразилась: «что ты надѣлалъ, старый хрычъ? уходилъ ты моихъ дочекъ, моихъ кровныхъ дѣточекъ, ненаглядныхъ пташечекъ! Вотъ я-жъ тебя кочергой попотчую!» — Полно, безумная! вишь ты на богатство польстилась! а я чѣмъ виноватъ? ты сама захотѣла... Старуха посердилась, побранилась, да послѣ съ мужемъ помирилась, и стали они жить да быть, добра наживать, лиха не поминать. Скоро присватался за Марѳушу добрый молодецъ; на ея свадьбѣ и я былъ, медъ-пиво пилъ, по усамъ текло, а въ ротъ не попало.

8. ВАСИЛИСА ПРЕКРАСНАЯ.

Въ нѣкоторомъ царствѣ, въ нѣкоторомъ государствѣ жилъ-былъ купецъ съ купчихою, и прижили они единую дочь Василису Прекрасную. Когда дѣвочкѣ исполнилось восемь лѣтъ, купчиха захворала тяжкою, предсмертною болѣзнею, призвала къ себѣ Василису, подала ей куклу и сказала: «слушай, дочка, и запомни мои послѣднія слова. Я умираю и вмѣстѣ съ родительскимъ благословеніемъ оставляю тебѣ вотъ эту куклу; береги ее всегда при себѣ и никому не показывай, а когда приключится тебѣ какое горе— спрашивай у нея совѣта.» Затѣмъ мать поцѣловала дочку, вздохнула и померла.

Послѣ смерти жены купецъ потужилъ-потужилъ и сталъ думать, какъ-бы опять жениться. Онъ былъ человѣкъ хорошій; за невѣстами дѣло не стало, но всѣхъ больше по нраву пришлась ему одна вдовушка. Она была уже въ лѣтахъ, имѣла своихъ двухъ дочерей, почти однолѣтокъ Василисѣ, и по всему околодку слыла хорошей матерью и опытной хозяйкою. Купецъ женился на вдовушкѣ, но обманулся и не нашелъ въ ней доброй матери для своей Василисы. Василиса была первая на все село красавица; мачиха и сестры завидовали ея красотѣ, поминутно къ ней придирались и мучили ее всевозможными работами, чтобъ она отъ трудовъ похудѣла, отъ вѣтра и солнца почернѣла. Василиса все переносила молча и съ каждымъ днемъ хорошѣла все болѣе и болѣе; а мачихины дочки не смотря на то, что завсегда сидѣли сложа руки, худѣли и дурнѣли отъ злости. Какъ-же это такъ дѣлалось? Василисѣ помогала ея куколка. Безъ этого гдѣ бы дѣвочкѣ сладить со всею работою! Куколка утѣшала ее въ горѣ, давала ей добрые совѣты и справляла за нее разныя подѣлки.

Прошло нѣсколько лѣтъ; Василиса выросла невѣстою. Всѣ женихи въ городѣ присватываются къ Василисѣ, на мачихиныхъ дочерей никто и не смотритъ. Мачиха злится пуще прежняго и всѣмъ женихамъ отвѣчаетъ: «не выдамъ меньшой прежде старшихъ!» а проводя жениховъ, вымѣщаетъ свою злобу на Василисѣ бранью да побоями.

Вотъ какъ-то случилось купцу уѣхать въ иное государство. Тѣмъ временемъ мачиха перешла на житье въ другой домъ; возлѣ этого дома былъ дремучій лѣсъ, въ лѣсу была поляна, на полянѣ стояла избушка, а въ избушкѣ жила баба-яга: никого она къ себѣ не подпускала и ѣла людей, какъ цыплятъ. Перебравшись на новоселье, купчиха то и дѣло посылала за чѣмъ-нибудь въ лѣсъ ненавистную ей Василису, но эта завсегда возвращалась домой благополучно: куколка указывала ей дорогу и не подпускала къ избушкѣ бабы-яги.

Пришла осень. Мачиха раздала всѣмъ тремъ дѣвушкамъ вечернія работы: одну заставила кружева плести, другую чулки вязать, а Василису прясть, и всѣмъ по урокамъ. Погасила огонь во всемъ домѣ, оставила только одну свѣчку тамъ, гдѣ сидѣли дѣвушки, и сама легла спать. Дѣвушки работали. Вотъ нагорѣло на свѣчѣ; одна изъ мачихиныхъ дочерей взяла щипцы, стала поправлять свѣтильню, да нарочно и потушила свѣчку. «Что теперь намъ дѣлать? говорили дѣвушки; огня нѣтъ въ цѣломъ домѣ, а уроки наши не кончены. Надо сбѣгать за огнемъ къ бабѣ-ягѣ!» — Мнѣ отъ булавокъ свѣтло! сказала та, чтò плела кружево; я не пойду. — И я не пойду, сказала та, чтò вязала чулокъ; мнѣ отъ спицъ свѣтло! «Тебѣ за огнемъ идти, закричали обѣ; ступай къ бабѣ-ягѣ!» и вытолкали Василису изъ горницы. Василиса пошла въ свой чуланчикъ, поставила передъ куклою приготовленный ужинъ и сказала: «на, куколка, покушай да моего горя послушай: посылаютъ меня за огнемъ къ бабѣ-ягѣ; баба-яга съѣстъ меня!» — Не бойся! отвѣчала куколка; ступай, куда посылаютъ; только возьми меня съ собою, а при мнѣ никакого худа не станется! Василиса положила куклу въ карманъ, перекрестилась и пошла въ дремучій лѣсъ.

Идетъ она и дрожитъ. Вдругъ скачетъ мимо ея всадникъ — самъ бѣлый, одѣтъ во все бѣлое, конь подъ нимъ бѣлый и збруя на конѣ бѣлая: на дворѣ стало разсвѣтать. Идетъ она дальше; скачетъ другой всадникъ — самъ красный, одѣтъ во все красное и на красномъ конѣ: стало восходить солнце. Василиса прошла всю ночь и весь день, только къ слѣдующему вечеру вышла на поляну, гдѣ стояла избушка бабы-яги; заборъ вокругъ избы изъ человѣчьихъ костей, на заборѣ торчатъ черепа людскіе, вмѣсто верей у воротъ — ноги человѣчьи, вмѣсто запоровъ — руки, вмѣсто замкà — ротъ съ открытыми зубами. Василиса обомлѣла отъ ужаса и стала какъ вкопанная. Вдругъ ѣдетъ опять всадникъ — самъ черный, одѣтъ во все черное и на черномъ конѣ; подскакалъ къ воротамъ бабы-яги и пропалъ, словно сквозь землю провалился: настала ночь. Но темнота продолжалась недолго; у всѣхъ череповъ на заборѣ засвѣтились глаза и на всей полянѣ стало свѣтло, какъ середи дня. Василиса дрожала со страху, но, не зная куда бѣжать, оставалась на мѣстѣ.

Скоро послышался страшный шумъ: деревья затрещали, сухіе листья захрустѣли, показалась изъ лѣсу баба-яга — ѣдетъ въ ступѣ, пестомъ погоняетъ, помеломъ слѣдъ заметаетъ. Подъѣхала къ воротамъ, остановилась, и обнюхавъ вокругъ себя, закричала: «фу, фу! русскимъ духомъ пахнетъ! кто здѣсь?» Василиса подошла къ старухѣ, отдала ей низкой поклонъ и сказала: «это я, бабушка! Мачихины дочери прислали меня за огнемъ къ тебѣ.» — Хорошо, сказала баба-яга, знаю я ихъ; поживи напередъ у меня да поработай, тогда и огня дамъ! Потомъ оборотилась къ воротамъ и вскрикнула «эй, запоры мои крѣпкіе, отомкнитеся! эй, ворота мои широкія, отворитеся!» Ворота отворились и баба-яга въѣхала, посвистывая; за нею вошла Василиса Прекрасная, а потомъ опять все заперлось. Войдя въ горницу, баба-яга растянулась и говоритъ Василисѣ: «подавай все, чтò есть въ печи; я ужинать хочу.» Василиса зажгла лучину отъ тѣхъ череповъ, чтò на заборѣ, и начала таскать изъ печки да подавать ягѣ кушанье, а кушанья настряпано было человѣкъ на десять; изъ погреба принесла она квасу, меду, пива и вина. Все съѣла, все выпила старуха; Василисѣ оставила только щецъ немножко да краюшку хлѣба. Стала баба-яга спать ложиться, и говоритъ: «когда я уѣду завтра, ты смотри — дворъ вычисти, избу вымети, обѣдъ состряпай, бѣлье приготовь, да пойди въ закромъ, возьми четверть пшеницы и очисть ее отъ чернушки. Да чтобъ все было сдѣлано, а не то — съѣмъ тебя!» Послѣ такого наказа баба-яга захрапѣла; а Василиса поставила старухины объѣдки передъ куклою, залилась слезами и говорила: «на, куколка, покушай, моего горя послушай! тяжелую задала мнѣ баба-яга работу и грозится съѣсть меня, коли всего не сдѣлаю.» Кукла отвѣтила: «не бойся, Василиса Прекрасная! поужинай, помолися да спать ложися; утро вечера мудренѣе!»

Ранёшенько проснулась Василиса, выглянула въ окно: у череповъ глаза потухаютъ; вотъ мелькнулъ бѣлый всадникъ — совсѣмъ разсвѣло. Баба-яга вышла на дворъ, свиснула — передъ ней явилась ступа съ пестомъ и помеломъ. Промелькнулъ красный всадникъ — взошло солнце. Баба-яга сѣла въ ступу и выѣхала со двора, пестомъ погоняетъ, помеломъ слѣдъ заметаетъ. Осталась Василиса одна, осмотрѣла домъ бабы-яги, подивилась ея богатству и остановилась въ раздумьи: за какую работу прежде всего приниматься? Глядитъ, а работа уже сдѣлана; куколка выбирала изъ пшеницы послѣднія зерна чернушки. «Ахъ ты, избавительница моя! сказала Василиса куколкѣ, ты меня отъ бѣды отвела.» —Тебѣ осталось только обѣдъ состряпать, отвѣчала куколка, влѣзая въ карманъ Василисы; состряпай и отдыхай на здоровье!—Къ вечеру Василиса собрала на столъ и ждетъ бабу-ягу. Начало смеркаться, мелькнулъ за воротами черный всадникъ — и совсѣмъ стемнѣло; только свѣтились глаза у череповъ.

Затрещали деревья, захрустѣли листья — ѣдетъ баба-яга. Василиса встрѣтила ее. «Все ли сдѣлано?» спрашиваетъ яга. — Осмотри сама, бабушка! Баба-яга все осмотрѣла, подосадовала, что не за что разсердиться, и сказала: «ну хорошо!» Потомъ крикнула: «вѣрные мои слуги, сердечные други, смелите мою пшеницу!» Явились три пары рукъ, схватили пшеницу и унесли вонъ изъ глазъ. Баба-яга наѣлась, стала ложиться спать и приказываетъ Василисѣ: «завтра сдѣлай тоже самое, что и нынче, да сверхъ того возьми изъ закрома макъ, перебери его по зернышку да очисти отъ земли!» Сказала старуха, повернулась къ стѣнѣ и захрапѣла, а Василиса принялась выспрашивать свою куколку. Куколка промолвила ей по вчерашнему: «молись Богу да ложись спать; утро вечера мудренѣе, все будетъ сдѣлано!»

На утро баба-яга опять уѣхала со двора, а Василиса съ куколкой всю работу исправили. Старуха воротилась, осмотрѣла все и крикнула: «вѣрные мои слуги, сердечные други, выжмите изъ маку масло!» Явились три пары рукъ, схватили макъ и унесли изъ глазъ. Баба-яга сѣла ужинать; она ѣстъ, а Василиса стоитъ молча. «Что-жъ ты ничего не говоришь со мною? сказала баба-яга; стоишь, какъ нѣмая!» — Коли позволишь, я стану спрашивать... «Спрашивай! только не всякой вопросъ къ добру ведетъ: много будешь знать, скоро состаришься!» — Я хочу спросить тебя, бабушка, только о томъ, что видѣла: когда я шла къ тебѣ, меня обогналъ всадникъ — самъ бѣлый, въ бѣлой одеждѣ и на бѣломъ конѣ; кто онъ таковъ? «Это день мой ясный!» отвѣчала баба-яга. — Потомъ обогналъ меня другой всадникъ — самъ красный, въ красной одеждѣ и на красномъ конѣ; кто онъ таковъ? «Это солнышко мое красное!» — А черный всадникъ, чтò обогналъ меня у самыхъ воротъ? «Это ночь моя темная!» Василиса вспомнила о трехъ парахъ рукъ и молчала. «Что-жъ ты еще не спрашиваешь?» молвила баба-яга. — Будетъ съ меня и этого; сама-жъ ты, бабушка, сказала, что много узнаешь — скоро состаришься. «Хорошо, сказала баба-яга, что ты спрашиваешь только о томъ, что видѣла за дворомъ, а не во дворѣ! я не люблю, чтобъ у меня соръ изъ избы выносили. Теперь я тебя спрошу: какъ успѣваешь ты исполнять заданныя тебѣ работы?» — Мнѣ помогаетъ благословеніе моей матери, отвѣчала Василиса. «Такъ вотъ что! Убирайся-же ты отъ меня, благословенная дочка! не нужно мнѣ благословенныхъ!»

Вытащила она Василису изъ горницы и вытолкала за ворота; потомъ сняла съ забора одинъ черепъ съ горящими глазами, воткнула его на палку, отдала Василисѣ и сказала: «вотъ тебѣ огонь для мачихиныхъ дочекъ, возьми его и неси домой!» Бѣгомъ пустилась Василиса, при свѣтѣ черепа, который погасъ только съ наступленіемъ утра, и наконецъ къ вечеру другаго дня добралась до своего дома. Подходя къ воротамъ, она хотѣла было бросить черепъ; вѣрно дòма, думаетъ себѣ, ужь больше въ огнѣ не нуждаются. Но вдругъ послышался глухой голосъ изъ черепа: «не бросай меня, неси къ мачихѣ!» Она взглянула на домъ мачихи, и не видя ни въ одномъ окнѣ огонька, рѣшилась идти туда съ черепомъ.

Впервые встрѣтили ее ласково и разсказали, что съ той минуты, какъ она ушла, огня въ домѣ не было: сами высѣчь никакъ не могли, а который огонь приносили отъ сосѣдей — тотъ погасалъ, какъ только входили съ нимъ въ горницу. «Авось твой огонь будетъ держаться!» сказала мачиха. Внесли черепъ въ горницу; а глаза изъ черепа такъ и глядятъ на мачиху и ея дочерей, такъ и жгутъ! Тѣ было прятаться, но куда не бросятся — глаза всюду за ними такъ и слѣдятъ; къ утру совсѣмъ сожгло ихъ въ уголь; одной Василисы не тронуло.

Поутру Василиса зарыла черепъ въ землю, заперла домъ на ключъ, пошла въ городъ и попросилась на житье къ одной безродной старушкѣ; живетъ себѣ и поджидаетъ отца. Вотъ какъ-то говорит она старушкѣ: «скучно мнѣ сидѣть безъ дѣла, бабушка! Сходи, купи самаго лучшаго льну; я хоть прясть буду.» Старушка купила льну; Василиса усѣлась прясть, работа у ней такъ и горитъ, и пряжа выходитъ ровная да тонкая, какъ волосокъ. Набралось пряжи много; пора бы и за тканьё приниматься, да такихъ бердъ не найдутъ, чтобы годились на Василисину пряжу; никто и сдѣлать-то не берется. Василиса стала просить свою куколку; та за единую ночь приготовила славный станъ. Къ концу зимы и полотно выткано, да такое тонкое, что сквозь иглу вмѣсто нитки продѣть можно. Весною полотно выбѣлили, и Василиса говоритъ старухѣ: «продай, бабушка, это полотно, а деньги возьми себѣ.» Старуха взглянула на товаръ и ахнула: «нѣтъ, дитятко! такого полотна кромѣ царя носить некому; понесу во дворецъ.» Пошла старуха къ царскимъ палатамъ, да все мимо оконъ похаживаетъ. Царь увидалъ и спросилъ: «что тебѣ, старушка, надобно?» — Ваше царское величество! отвѣчаетъ старуха, я принесла диковинный товаръ; никому, окромѣ тебя, и показать не хочу. Царь приказалъ впустить къ себѣ старуху, и какъ увидѣлъ полотно — вздивовался. «Что хочешь за него?» спросилъ царь. — Ему цѣны нѣтъ, царь-батюшка! я тебѣ въ даръ принесла. Поблагодарилъ царь и отпустилъ старуху съ подарками.

Стали царю изъ того полотна сорочки кроить; покроили, да нигдѣ не могли найти швеи, которая взялась бы ихъ сработать. Долго искали; наконецъ царь позвалъ старуху и сказалъ ей: «умѣла ты напрясть и соткать такое полотно, умѣй изъ него и сорочки сшить.» — Не я, государь, пряла и не я ткала; это ра-

бота красной дѣвицы. «Ну, пусть она и сорочки со-
шьетъ!» Воротилась старушка домой и разсказала обо
всемъ Василисѣ; а дѣвица въ отвѣтъ: «я знала, что эта
работа моихъ рукъ не минуетъ.» Заперлась въ свою
горницу, принялась за работу; шила она не поклада-
ючи рукъ, и скоро дюжина сорочекъ была готова. Ста-
руха понесла къ царю сорочки, а Василиса умылась,
причесалась, одѣлась и сѣла подъ окномъ. Сидитъ се-
бѣ и ждетъ, что будетъ. Видитъ: на дворъ къ старухѣ
идетъ царской слуга; вошелъ въ горницу и говоритъ:
«царь-государь хочетъ видѣть искусницу, что рабо-
тала ему сорочки, и наградить ее изъ своихъ царскихъ
рукъ.» Пошла Василиса и явилась предъ свѣтлыя цар-
скія очи. Какъ увидалъ царь Василису Прекрасную,
такъ и влюбился въ нее безъ памяти. «Нѣтъ, говоритъ,
моя красавица! не разстанусь я съ тобою, будь ты мо-
ею женою!» Тутъ взялъ царь Василису Прекрасную
за бѣлыя руки, посадилъ ее подлѣ себя, да въ тотъ-же
день и свадебку сыграли. Вскорѣ воротился и отецъ
Василисы, порадовался объ ея счастливой судьбѣ и
остался жить при дочери. Старушку Василиса взяла
во дворецъ, а куколку по конецъ жизни своей всегда
носила при себѣ.

9. ЦАРЕВИЧЪ-КОЗЛЕНОЧЕКЪ.

Жили-были себѣ царь и царица; у нихъ были
сынъ и дочь, сына звали Иванушкой, а дочь
Алёнушкой. Вотъ царь съ царицею померли; остались

дѣти одни-одинёхоньки и пошли странствовать по бѣлу
свѣту. Шли, шли — солнце высоко, жилье далеко, жаръ
донимаетъ, потъ выступаетъ; въ чистомъ полѣ стоитъ
прудъ, а около пруда пасётся стадо коровъ. «Я хочу
пить», говоритъ Иванушка.—Не пей, братецъ! а то бу-
дешь телёночкомъ, говоритъ Алёнушка. Иванушка по-
слушался, и пошли они дальше; шли, шли, и видятъ рѣ-
ку, а около ходитъ табунъ лошадей. «Ахъ, сестрица!
еслибъ ты знала, какъ мнѣ пить хочется.»—Не пей, бра-
тецъ! а то сдѣлаешься жеребёночкомъ. Иванушка послу-
шался, и пошли они дальше; шли, шли, и видятъ озеро,
а около него гуляетъ стадо овецъ. «Ахъ, сестрица! мнѣ
пить хочется.» — Не пей, братецъ! а то будешь баран-
чикомъ. Иванушка послушался, и пошли они дальше;
шли, шли, и видятъ ручей, а возлѣ стерегутъ свиней.
«Ахъ, сестрица! я напьюся; мнѣ страшно пить хочет-
ся.» — Не пей, братецъ! а то будешь поросёночкомъ.
Иванушка опять послушался, и пошли они дальше;
шли, шли — солнце высоко, жилье далеко, жаръ дони-
маетъ, потъ выступаетъ; вотъ пасётся у воды стадо
козъ. «Ахъ, сестрица! я напьюся.» — Не пей, братецъ!
а то будешь козлёночкомъ. Онъ не вытерпѣлъ и не по-
слушался сестры, напился и сталъ козлёнкомъ, прыга-
етъ передъ Алёнушкой и кричитъ: мекеке! мекеке!

Алёнушка обвязала его шелковымъ поясомъ и пове-
ла съ собою, а сама-то плачетъ, горько плачетъ... Коз-
лёночекъ бѣгалъ-бѣгалъ и забѣжалъ въ садъ къ одно-
му царю. Люди увидали и тотчасъ докладываютъ царю:
«у насъ, ваше царское величество, въ саду козлёно-
чекъ, и держитъ его на поясе дѣвица да такая изъ се-
бя красавица, что ни вздумать, ни взгадать, ни перомъ

описать.» Царь приказалъ спросить, кто она такая. Вотъ люди и спрашиваютъ ее: откуда она и чьего роду-племени? «Такъ и такъ, говоритъ Алёнушка, были царь и царица, да померли; остались мы дѣти: я — царевна, да вотъ братецъ мой — царевичъ; онъ не утерпѣлъ, напился водицы и сталъ козлёночкомъ.» Люди доложили все это царю. Царь позвалъ Алёнушку, распросилъ обо всёмъ; она ему приглянулась, и царь пожелалъ на ней жениться. Скоро сыграли свадьбу и стали жить весело и счастливо, и козлёночекъ съ ними: день гуляетъ по саду, ночь во дворцѣ проводитъ, а пьетъ и ѣстъ вмѣстѣ съ царемъ и съ царицею.

Однажды поѣхалъ царь на охоту. Тѣмъ временемъ пришла колдунья и навела на царицу порчу: сдѣлалась Алёнушка худая да блѣдная. На царскомъ дворѣ все прïуныло; цвѣты въ саду стали вянуть, деревья сохнуть, трава блёкнуть. Царь воротился и спрашиваетъ царицу: «али ты чѣмъ нездорова?» — Да, хвораю, говоритъ царица. На другой день царь опять поѣхалъ на охоту. Алёнушка лежитъ больная; приходитъ къ ней колдунья и говоритъ: «хочешь, я тебя вылѣчу? выходи на море столько-то утреннихъ и вечернихъ зорь и пей тамъ воду.» Царица послушалась и въ сумеркахъ вышла на морской берегъ, а колдунья ужъ дожидается, схватила ее, навязала ей на шею камень и бросила въ море. Алёнушка пошла на дно; козлёночекъ прибѣжалъ и горько-горько заплакалъ. А колдунья нарядилась царицею, явилась во дворецъ и принялась хозяйничать. Царь прïѣхалъ съ охоты, не замѣтилъ обмана и обрадовался, что царица опять стала здорова. Собрали на столъ и сѣли обѣдать.

«А гдѣ-же козлёночекъ?» спрашиваетъ царь. — Не надо его, говоритъ колдунья; я не велѣла пускать; отъ него такъ и несётъ козлятиной! На слѣдующій день, только царь уѣхалъ на охоту, колдунья козлёночка била-била, колотила-колотила, и грозитъ ему: «вотъ воротится царь, я попрошу тебя зарѣзать!» Пріѣхалъ царь; колдунья такъ и пристаетъ къ нему: прикажи да прикажи зарѣзать козлёночка; онъ мнѣ надоѣлъ, опротивѣлъ совсѣмъ! Царю жалко было козлёночка, да дѣлать нечего — она такъ пристаетъ, такъ упрашиваетъ, что царь наконецъ согласился и позволилъ его зарѣзать. Видитъ козлёночекъ: ужь начали точить на него ножи булатные; прибѣжалъ къ царю и просится: «царь! пусти меня нà море сходить, водицы испить, кишочки всполоскать.» Царь пустилъ его. Вотъ козлёночекъ прибѣжалъ къ морю, сталъ на берегу и жалобно закричалъ:

Алёнушка, сестрица моя!
Выплынь, выплынь на бёрежокъ.
Огни горятъ горючіе,
Котлы кипятъ кипучіе,
Ножи точатъ булатные,
Хотятъ меня зарѣзати!

Она ему отвѣчаетъ:

Иванушка-братецъ!
Тяжолъ камень ко дну тянетъ,
Шелкова трава ноги спутала,
Желты пески на груди легли,
Люта змѣя сердце высосала!

Козлёночекъ заплакалъ и воротился назадъ. Посерёдъ дня опять просится онъ у царя: «царь! пусти меня нà море сходить, водицы испить, кишочки всполоскать.» Царь пустилъ его. Вотъ козлёночекъ прибѣжалъ къ морю и жалобно закричалъ:

> Алёнушка, сестрица моя!
> Выплынь, выплынь на бережокъ.
> Огни горятъ горючіе,
> Котлы кипятъ кипучіе,
> Ножи точатъ булатные,
> Хотятъ меня зарѣзать!

Она ему отвѣчаетъ:

> Иванушка-братецъ!
> Тяжолъ камень ко дну тянетъ,
> Шелкова трава ноги спутала,
> Желты пески на груди легли,
> Люта змѣя сердце высосала!

Козлёночекъ заплакалъ и воротился домой. Царь и думаетъ: что бы это значило — козлёночекъ все бѣгаетъ на море? Вотъ попросился козлёночекъ въ третій разъ: «царь! пусти меня на море сходить, водицы испить, кишочки всполоскать.» Царь отпустилъ его и самъ пошелъ за нимъ слѣдомъ; приходитъ къ морю и слышитъ — козлёночекъ вызываетъ сестрицу:

> Алёнушка, сестрица моя!
> Выплынь, выплынь на бережокъ.
> Огни горятъ горючіе,
> Котлы кипятъ кипучіе,
> Ножи точатъ булатные,
> Хотятъ меня зарѣзати!

Она ему отвѣчаетъ:

> Иванушка-братецъ!
> Тяжолъ камень ко дну тянетъ,
> Шелкова трава ноги спутала,
> Желты пески на груди легли,
> Люта змѣя сердце высосала!

Козлёночекъ опять зачалъ вызывать сестрицу. Алё-
нушка всплыла кверху и показалась надъ водой. Царь

ухватилъ ее, сорвалъ съ шеи камень и вытащилъ Алё-
нушку на берегъ, да и спрашиваетъ: какъ это стàлося?
Она ему все разсказала. Царь обрадовался, козлёно-
чекъ тоже — такъ и прыгаетъ, въ саду все зазеленѣло

и зацвѣло. А колдунью приказалъ царь казнить: разложили на дворѣ костёръ дровъ и сожгли ее. Послѣ того царь съ царицей и съ козлёночкомъ стали жить да поживать, да добра наживать, и по прежнему вмѣстѣ и пили и ѣли.

10. ВЕРЛІОКА.

Когда-то жили да были дѣдъ и баба, а у нихъ были двѣ внучки-сиротки — такія хорошенькія да смирныя, что дѣдъ съ бабушкой не могли ими нарадоваться. Вотъ разъ вздумалъ дѣдъ посѣять горохъ; посѣялъ — горохъ выросъ, зацвѣлъ. Дѣдъ глядитъ на него и думаетъ: «теперь буду цѣлую зиму ѣсть пироги съ горохомъ.» Какъ на зло дѣду воробьи и напали на горохъ. Дѣдъ видитъ, что худо, и послалъ младшую внучку прогонять воробьевъ. Внучка сѣла возлѣ гороха, машетъ хворостиной да приговариваетъ: «кишь, кишь, воробьи! не ѣшьте дѣдова гороху!» Только слышитъ: въ лѣсу шумитъ, трещитъ — идетъ Верліока, ростомъ высокой-высокой, объ одномъ глазѣ, носъ крючкомъ, борода клочкомъ, усы въ полъ-аршина, на головѣ щетина, костылемъ подпирается, самъ страшно ухмыляется; а была у него такая замашка: какъ завидитъ человѣка — ни за что не утерпитъ, чтобы дружбы не показать, бока не поломать; не было спуску отъ него ни старому, ни малому, ни тихому, ни удалому. Увидѣлъ Верліока дѣдову внучку и сразу убилъ ее костылемъ. Дѣдъ ждалъ-ждалъ — нѣтъ внучки, послалъ за нею старшую. Верліока и ту прибралъ. Дѣдъ опять ждалъ-ждалъ, потерялъ терпѣнье и говоритъ женѣ: «да что онѣ опоздлились? чай съ парнями какъ трещотки трещатъ, а воробьи горохъ лущатъ. Ступай, старуха! тащи ихъ домой.» Старуха съ печки сползла, въ углу палочку взяла, за порогъ перевалилась, да домой не воротилась. Вѣстимо, какъ увидѣла внучекъ да потомъ Верліоку, догадалась, что это его работа; съ жалости и горя такъ и вцѣпилась ему въ волосы. А Верліокѣ то и на руку... Дѣдъ ждалъ-ждалъ и не дождался: нѣтъ ни старухи, ни внучекъ! Всталъ онъ изъ-за стола, помолился Богу и поплёлся въ дорогу. Приходитъ къ гороху, глядитъ: лежатъ его милыя внучки — точно спятъ; только у одной кровь на лбу видна, у другой на бѣлой шейкѣ пять синихъ пальцевъ оттиснулись. А старуха такъ изувѣчена, что и узнать нельзя! Долго плакался надъ ними дѣдъ, долго причитывалъ, а потомъ сбѣгалъ въ избу, взялъ желѣзный костыль и отправился бить Верліоку.

Идетъ-идетъ и видитъ прудъ, а на прудѣ куцый селезень. Увидалъ дѣда селезень и кричитъ: «такъ, такъ, такъ! вѣдь я угадалъ, что тебя сюда поджидалъ. Здоровъ дѣдъ на сто лѣтъ!» — Здорово, селезень! отчего ты меня поджидалъ? «Да зналъ, что ты за старуху да за внучекъ не спустишь и самому Верліокѣ.» — А ты знаешь Верліоку? «Какъ, какъ, какъ не знать! знаю его криваго! Разъ какъ-то вотъ здѣсь на берегу началъ онъ бить какого-то горемыку; а втѣпоры была у меня за каждымъ словомъ поговорка: ахъ, ахъ, ахъ! Верліока потѣшается, а я сижу въ водѣ, да такъ себѣ и кричу: ахъ, ахъ, ахъ!... Вотъ онъ, управившись съ горемыкою, подбѣжалъ ко мнѣ: я, говоритъ, научу тебя, какъ за другихъ заступаться! — и хвать меня за хвостъ! да не на таковскаго напалъ, только хвостъ у него въ рукахъ остался. Оно хоть хвостъ и не великъ, а все-таки жаль его... Вотъ я и взялся за умъ, и съ той поры — кто бы что ни дѣлалъ — не кричу: ахъ, ахъ, ахъ! а все придакиваю: такъ, такъ, такъ! Что-же? и житье стало лучше, и почёту отъ людей больше. Всѣ говорятъ: вотъ селезень хоть куцой, да умной!» — Такъ не можешь ли указать мнѣ, гдѣ живетъ Верліока? «Такъ, такъ, такъ!» Селезень вылѣзъ изъ воды, и переваливаясь съ боку на бокъ, пошелъ по берегу, а дѣдъ за нимъ.

Идутъ-идутъ, а на дорогѣ лежитъ бичёвочка и говоритъ: «здравствуй, дѣдушка-умная головушка!» — Здравствуй, бичёвочка! «Какъ живешь? куда идешь?» — Живу и такъ и сякъ, а иду къ Верліокѣ на расправу: старуху задушилъ, двухъ внучекъ убилъ, а внучки были такія славныя! «Я твоихъ внучекъ и старуху знала; возьми и меня на подмогу!» Дѣдъ подумалъ: «можетъ, пригодится связать Верліоку!» и отвѣчалъ: «полѣзай, когда знаешь дорогу.» Верёвочка и поползла за ними, словно змѣя.

Идутъ-идутъ, а на дорогѣ лежитъ колотушка и говоритъ: «здравствуй, дѣдушка-умная головушка!» — Здравствуй, колотушка! «Какъ живешь? куда идешь?» — Живу и такъ и сякъ, а иду къ Верліокѣ на расправу. Подумай: старуху задушилъ, двухъ внучекъ убилъ, а внучки были на славу! «Возьми меня на подмогу!» — Ступай, когда знаешь дорогу! А самъ думаетъ:

«колотушка и впрямь поможетъ.» Колотушка поднялась, уперлась ручкой о землю и прыгнула.

Идутъ-идутъ, а на дорогѣ лежитъ жолудь и пищитъ: «здравствуй, дѣдушка-умная головушка!» — Здравствуй, жолудь! «Куда это шагаешь?» — Иду Верлiоку бить, когда его знаешь? «Какъ не знать! пора съ нимъ расплатиться; возьми и меня на подмогу.» — Да чѣмъ ты поможешь! «Не плюй, дѣдъ, въ колодезь — достанется водицы напиться!» Дѣдъ подумалъ: «а пускай его! чѣмъ больше народу, тѣмъ лучше», и говоритъ: «плетись позади!» Какое — плетись! жолудь такъ и скачетъ впереди всѣхъ.

Вотъ и пришли они въ густой, дремучiй лѣсъ, а въ томъ лѣсу стоитъ избушка. Глядятъ — въ избушкѣ никого нѣтъ. Огонь въ печи погасъ, а на шесткѣ стоитъ пшонная кашица. Жолудь вскочилъ въ кашицу, верёвочка растянулась на порогѣ, колотушка улеглась на полкѣ, селезня посадилъ дѣдъ за печку, а самъ сталъ за дверью. Пришелъ Верліока, кинулъ вязанку дровъ на землю и сталъ разводить огонь въ печкѣ. Жолудь, сидя въ горшкѣ, затянулъ пѣсню: «пи... пи... пи! пришли Верліоку бить!» — Цыцъ, кашица! въ ведро вылью, крикнулъ Верліока. А жолудь не слушаетъ его, знай свое пищитъ. Верліока разсердился, схватилъ горшокъ, да бухъ кашицу въ ведро; жолудь какъ выскочитъ изъ ведра, щолкъ Верліоку въ голову и выбилъ ему послѣдній глазъ. Верліока кинулся было на утёкъ, да не тутъ-то было — верёвочка перецѣпила его, и Верліока упалъ. Колотушка прыгнула съ полки, дѣдъ выскочилъ изъ-за дверей, и давай его подчивать; а селезень за печкой сидитъ да приговариваетъ: «такъ, такъ, такъ!» Не помогли Верліокѣ ни его сила, ни отвага. Вотъ вамъ сказка, а мнѣ бубликовъ связка.

11. МАРКО БОГАТЫЙ И ВАСИЛІЙ БЕЗСЧАСТНЫЙ.

Въ нѣкоторомъ царствѣ, въ нѣкоторомъ государствѣ жилъ-былъ купецъ — по имени Марко, по прозванію Богатой. Марко обладалъ несчетными сокровищами, но былъ скупъ и немилостивъ къ бѣднымъ; онъ терпѣть не могъ нищихъ, и бывало только завидитъ ихъ — сейчасъ-же приказываетъ слугамъ своимъ гнать ихъ со двора и травить собаками.

Однажды позднимъ вечеромъ зашли къ нему на дворъ два сѣденькихъ старца: «ради Бога, Марко Богатой! укрой насъ отъ темной ночи.» Старцы умоляли его такъ долго и такъ неотступно, что Марко — только бы отвязаться! — велѣлъ впустить ихъ въ скотную избу, гдѣ лежала у него при смерти хворая тётка. На другой день видитъ Марко, что идетъ къ нему тётка совсѣмъ здоровая. «Какъ это тебя угораздило?» спрашиваетъ онъ съ удивленіемъ. «Ахъ, Марко Богатой! отвѣчала тётка, знаешь ли что? Видѣлось мнѣ — не то во снѣ, не то на явý, будто ночевали у насъ въ скотной избѣ два сѣдые старца; въ самую полночь постучался кто-то въ окно и промолвилъ: въ такомъ-то селѣ у бѣднаго крестьянина народился младенецъ; какое имя ему наречёте и какой таланъ ему присýдите? Отвѣчали старцы: имя ему нарицаемъ — Василій, прозваніе — Безсчастной, а въ таланъ ему присуждаемъ богатство Марка Богатаго, у котораго теперь ночуемъ.» — А еще что? спросилъ Марко. «Да вотъ какая благодать: какъ проснулась я, то встала совсѣмъ здоровая — какъ самъ видишь!» — Ладно, сказалъ Марко, только съ бѣднякова сына много будетъ обладать Марковымъ богатствомъ!

Призадумался Марко Богатой, захотѣлось ему провѣдать: точно ли народился Василій Безсчастной? Приказалъ заложить карету и поѣхалъ въ село; пріѣхалъ прямо къ священнику и спрашиваетъ: «родился ли у васъ такого-то дня младенецъ?» — Родился, отвѣчалъ священникъ, у самаго бѣднаго крестьянина; я ему нарекъ имя Василій и прозвалъ Безсчастнымъ, да еще не крестилъ, потому что къ бѣдняку никто въ кумовья не йдетъ. Марко вызвался быть крестнымъ отцемъ, попадью попросилъ быть кумою и велѣлъ изготовить богатый обѣдъ; принесли младенца, окрестили и пировали до поздняго вечера. На другой день Марко Богатой призвалъ къ себѣ бѣдняка-крестьянина, обласкалъ его и сталъ говорить: «куманёкъ! ты человѣкъ бѣдный, воспитать сына не сможешь; отдай-ка мнѣ его! я его въ люди выведу, а тебѣ на прожитокъ оставлю тысячу рублей.» Мужикъ подумалъ-подумалъ и согласился. Марко взялъ ребенка, окуталъ его въ лисьи шубы, положилъ въ карету и поѣхалъ. Дѣло было зимою. Проѣхавъ нѣсколько верстъ, Марко Богатой велѣлъ остановиться, отдалъ крестника своему прикащику и приказалъ: «возьми его за ноги и забрось въ оврагъ!» Прикащикъ взялъ и забросилъ его въ крутой оврагъ, а Марко усмѣхнулся и сказалъ: «вотъ тамъ и владѣй моимъ имѣніемъ!»

На третій день по той-же дорогѣ, гдѣ проѣхалъ Марко, случилось ѣхать купцамъ; везли они Марку Богатому двѣнадцать тысячъ рублей долгу; поровнялись противъ оврага, и послышался имъ дѣтской плачъ. Остановились, начали вслушиваться и послали одного изъ прикащиковъ разузнать: что тамъ такое? Прикащикъ спустился на дно оврага, смотритъ: тамъ разстилается зеленый лугъ, а на томъ лугу сидитъ ребенокъ и играетъ цвѣтами. Прикащикъ воротился и разсказалъ про все своему хозяину; хозяинъ побѣжалъ самъ посмотрѣть на такое диво, поднялъ ребенка, закуталъ его въ шубу, сѣлъ въ кибитку, и поѣхали. Пріѣзжаютъ купцы къ Марку Богатому. Марко сталъ ихъ распрашивать, гдѣ взяли они ребенка? Купцы

разсказали, какъ и что̀ было, и онъ то̀тчасъ-же дога-
дался, что это Василій Безсчастной, его крестникъ;
началъ угощать купцовъ разными закусками и на-
питками, и проситъ, чтобы отдали ему найдёныша.
Купцы было не соглашались, да какъ Марко сказалъ:
«я васъ прощаю всѣмъ долгомъ!» — то въ туже ми-
нуту и отдали ему ребенка. Прошелъ день, прошелъ
другой, а на третій Марко взялъ Василія Безсчастна-
го, посадилъ въ боченокъ, засмолилъ и бросилъ съ
пристани въ воду.

Боченокъ плылъ да плылъ, и приплылъ къ монасты-
рю. На ту пору вышелъ монахъ за водою. Послышал-
ся ему дѣтской крикъ; онъ, долго не думая, сѣлъ въ
лодку, перенялъ боченокъ, посбивалъ обручи, смот-
ритъ — а въ боченкѣ дитя, взялъ его и принесъ въ мо-
настырь. Игуменъ нарекъ ребенка Васильемъ и про-
звалъ Безсчастнымъ; съ тѣхъ поръ Василій Безсчаст-
ной жилъ въ монастырѣ цѣлыя осьмнадцать лѣтъ, вы-
учился грамотѣ — и читать, и писать, и на клиросѣ
пѣть; игуменъ его полюбилъ и поставилъ ключаремъ.

Понадобилось Марку Богатому ѣхать въ иное го-
сударство собирать долги, и заѣхалъ онъ по пути въ
монастырь. Здѣсь запримѣтилъ онъ молодаго ключаря,
сталъ про него распрашивать: давно ли и откуда явил-
ся? Игуменъ припомнилъ и разсказалъ все, что было:
какъ приплылъ къ монастырю боченокъ, какъ вынули
изъ него младенца, и сколько лѣтъ тому назадъ это
случилося. Марко разсчёлъ и догадался, что ключарь
— никто другой, какъ его крестникъ. Вотъ онъ и го-
воритъ игумну: «когда-бъ у меня былъ такой расто-
ропной человѣкъ, какъ вашъ ключарь, я бы сдѣлалъ

его главнымъ прикащикомъ; уступите его мнѣ!» Игуменъ долго отговаривался. Наконецъ Марко Богатой посулилъ за него вкладу въ монастырь двадцать пять тысячъ; игуменъ посовѣтовался съ братіей, и сообща удумали принять вкладъ и отпустить Василья Безсчастнаго.

Марко послалъ Василья Безсчастнаго домой и написалъ съ нимъ такое письмо: «жена! какъ только получишь мое письмо, сейчасъ-же отправляйся съ этимъ посланнымъ на мыльный заводъ, и прикажи рабочимъ чтобы столкнули его въ большой кипучій котёлъ; да смотри — непремѣнно исполни! этотъ мàлой — мнѣ давнишній злодѣй!» Идетъ Василій Безсчастной путемъ-дорогою; попадается ему на встрѣчу сѣдой старецъ и спрашиваетъ: «куда идешь, Василій Безсчастной?» — Иду въ домъ Марка Богатаго; хозяинъ съ письмомъ послалъ. «А покажь письмо!» Василій подалъ ему письмо; старичокъ сломилъ печать и говоритъ: «на-ка, прочитай!» Василій прочиталъ и прослезился: «что я этому человѣку сдѣлалъ? за что послалъ меня на лютую казнь?» — «Не печалься и не бойся, сказалъ старецъ; Господь тебя не оставитъ!» Дунулъ на письмо — и печать снова сдѣлалась цѣлою. «Ступай теперь съ Богомъ и отдай письмо женѣ Марка Богатаго.» Василій Безсчастной пришелъ въ домъ Марка Богатаго, спросилъ хозяйку и отдалъ ей письмо. Хозяйка прочитала, кликнула дочь свою Анастасію и показала ей что отецъ пишетъ; а въ письмѣ было сказано: «жена! какъ получишь мое письмо, на другой-же день обвѣнчай Анастасію съ этимъ посланнымъ; да смотри — непремѣнно исполни! такова моя

воля!» У богатыхъ людей не пиво варить, не вино ку-
рить — все готово, веселымъ пиркомъ да и за свадеб-
ку. Василья нарядили въ новый кафтанъ, показали
Анастасіи: онъ ей полюбился; вотъ повели ихъ въ
церковь и обвѣнчали.

Въ одно утро женѣ Марка Богатаго повѣстили, что
прибылъ къ пристани ея мужъ, и она съ зятемъ и до-
черью отправилась встрѣчать его. Марко увидѣлъ Ва-
силья Безсчастнаго, разсердился и крикнулъ на свою
жену: «какъ ты осмѣлилась обвѣнчать съ нимъ дочь
нашу?» — По твоему приказу, отвѣчала жена. Марко
спросилъ полученное ею письмо, посмотрѣлъ и убѣ-
дился, что все оно писано его собственною рукою.

Пожилъ Марко Богатой мѣсяцъ, другой и третій;
потомъ позвалъ къ себѣ зятя и говоритъ ему: «ступай
ты за тридевять земель, въ тридесятое государство —
къ царю Змѣю; получи съ него дань за двѣнадцать лѣтъ
и узнай тамъ о двѣнадцати моихъ корабляхъ, чтò про-
падаютъ цѣлые три года. Завтра-же чуть свѣтъ отправ-
ляйся!» Поутру рано всталъ Василій Безсчастной, по-
молился Богу, простился съ женою, взялъ котомоч-
ку сухариковъ и пошелъ въ путь-дорогу. Шелъ онъ
долго ли-коротко ли, близко ли-далеко ли, только
слышитъ въ сторонѣ голосъ: «Василій Безсчастной!
куда идёшь?» Оглядывается онъ въ ту сторону: кто,
говоритъ, меня кличетъ? «Я — дубъ тебя спрашиваю:
куда ты идешь?» — Къ царю Змѣю; иду за двѣнадцать
лѣтъ дань требовать. Провѣщалъ ему дубъ: «какъ бу-
дешь во времени, обо мнѣ вспомяни: что стою я дубъ
триста лѣтъ, долго-ль мнѣ еще стоять?» Василій Без-
счастной выслушалъ и отправился дальше. Шелъ

4*

шелъ... и приходитъ къ большой, широкой рѣкѣ; сѣлъ на паромъ, перевощикъ его и спрашиваетъ: «куда ты идешь?» — Иду къ царю Змѣю за двѣнадцать лѣтъ дань требовать. «Какъ будешь во времени, обо мнѣ вспомяни: что́ перевожу я ровно тридцать лѣтъ, долго-ль мнѣ еще перевозить?» — Хорошо! сказалъ Василій и пошелъ своею дорогою. Шелъ-шелъ... и приходитъ къ синему морю; черезъ море лежитъ китъ-рыба, а по ней, словно по́ мосту, идутъ пѣшіе и ѣдутъ конные. Только ступилъ на нее Василій, китъ-рыба возгово́рила: «Василій Безсчастной! куда ты идешь?» — Иду къ царю Змѣю за двѣнадцать лѣтъ дань требовать. «Ну, добрый человѣкъ! какъ будешь во времени, обо мнѣ вспомяни: что́ лежитъ китъ-рыба черезъ синее море, конные и пѣшіе пробили у нея тѣло до самыхъ рёбръ, долго-ли ей еще лежать, долго-ли ей мостомъ служить?» — Хорошо, не забуду! отвѣчалъ Василій и пустился дальше.

Долго ли, коротко ли — приходитъ онъ на зеленый лугъ; на лугу стоитъ большой дворецъ. Василій Безсчастной поднялся на крылечко и пошелъ по комнатамъ, по узорчатымъ, вырѣзнымъ переходамъ; комната комнаты лучше убрана, а въ самой дальней сидитъ на постелѣ красная дѣвица и горько плачетъ. Увидала она гостя, подошла къ нему и спрашиваетъ: «кто ты таковъ, добрый мо́лодецъ, и какъ попалъ въ это проклятое мѣсто?» — Называюсь я Василій Безсчастной, а прислалъ меня Марко Богатой, приказалъ розыскать царя Змѣя да истребовать съ него дань за всё за двѣнадцать лѣтъ. «Ахъ, Василій Безсчастной! ты присланъ сюда не за данью, а царю Змѣю на съѣденіе.

Да какими путями ты шелъ? Не случилось ли тебѣ, мо̀лодцу, видѣть и слышать что доро̀гою?» Василій разсказалъ ей про вѣщій дубъ, перевощика и китъ-рыбу. Только успѣли они переговорить, какъ зашумѣлъ вихрь, затряслась земля и пошатнулся дворецъ; красная дѣвица спрятала Василья Безсчастнаго подъ кроватью и сказала ему: «сиди и слушай хорошенько, что стану я говорить съ Змѣемъ!»

Царь Змѣй влетѣлъ въ комнату: «что, говоритъ, здѣсь русскимъ духомъ пахнетъ?» — Какъ сюда зайдти русскому духу? отвѣчаетъ красная дѣвица; это ты по Руси леталъ, русскаго духу набрался! «Охъ, я сильно усталъ! поищи-ка у меня въ головѣ», сказалъ Змѣй и разлёгся на постели. Дѣвица принялась искать у него въ головѣ, а сама сказываетъ: «царь, какой безъ тебя я сонъ видѣла! будто иду я по дорогѣ и кричитъ мнѣ старый дубъ: доложи царю, долго-ль мнѣ еще стоять?» — А ему стоять до тѣхъ поръ, отвѣчалъ Змѣй, пока не придётъ добрый мо̀лодецъ и не ударитъ его ногою на восходъ солнца: тогда дубъ выворотится съ корнемъ и упадётъ, а подъ нимъ объявится злата и сѐребра многое множество — столько нѣтъ у Марка Богатаго! «А потомъ снилось мнѣ — будто пришла я къ большой, широкой рѣкѣ; чрезъ ту рѣку паромъ ходитъ, и спрашивалъ меня перевощикъ: долго-ль ему сидѣть на паромѣ да людей перевозить?» — Нѣтъ, недолго; пусть перваго, кто къ нему явится, посадитъ на свое мѣсто и оттолкнетъ паромъ отъ берегу: съ кѣмъ это случится, тотъ, на смѣну ему, и будетъ вѣчнымъ перевощикомъ! «А еще привидѣлось мнѣ — будто шла я по киту-рыбѣ, шла черезъ синее море, и спрашива-

ла у меня китъ-рыба: долго-ли ей мостомъ лежать?»—
Ей лежать до тѣхъ поръ, пока не выброситъ изъ своей
утробы двѣнадцати кораблей Марка Богатаго; а какъ
выброситъ корабли, тòтчасъ-же пойдетъ въ воду, и
кости ея обростутъ, и тѣло ея оправится. Сказалъ
Змѣй и заснулъ крѣпкимъ сномъ.

Красная дѣвица выпустила Василія Безсчастнаго и
дала ему такой совѣтъ: «что̀ узналъ ты отъ царя Змѣя,
того не сказывай по эту сторону ни китъ-рыбѣ, ни
перевощику; а сказывай тогда, какъ будешь на дру-
гой сторонѣ.» Василій Безсчастной поблагодарилъ дѣ-
вицу и пошелъ въ обратный путь. Долго ли, коротко ли
— приходитъ къ синему морю; китъ-рыба его спра-
шиваетъ: «ну что? говорилъ про меня съ царемъ Змѣ-
емъ?» — Говорилъ; вотъ перейду на тотъ берегъ — и
тебѣ скажу. Перешелъ черезъ море и сказываетъ: «вы-
брось изъ своей утробы двѣнадцать кораблей Марка
Богатаго.» Китъ-рыба рыгнула — и двѣнадцать ко-
раблей пошли на парусахъ, ни въ чемъ невредимы; а
волны такъ и хлынули на берегъ, и Василій Безсчаст-
ной, хоть далеко отбѣжалъ, очутился въ водѣ по ко-
лѣна. Послѣ того пришелъ Василій къ перевощику.
«Говорилъ ли про меня царю Змѣю?» спрашиваетъ
перевощикъ.—Говорилъ. «Ну что-жъ? какой отвѣтъ?»
— А вотъ перевези меня на ту сторону, тогда и узна-
ешь. Переправился Василій на другой берегъ и ска-
зываетъ перевощику: «перваго, кто къ тебѣ явится,
посади на свое мѣсто, оттолкни паромъ отъ пристани
и отправляйся домой!» Наконецъ пришелъ онъ къ вѣ-
щему дубу, ударилъ его ногою на восходъ солнца —
дубъ свалился, а подъ нимъ злата и серебра и каменья

драгоцѣннаго что ни есть числа! Оглянулся назадъ, а
прямо къ берегу плывутъ двѣнадцать кораблей — тѣ

самые, что недавно выбросила изъ себя китъ-рыба.
Матросы перетаскали злато и серебро и каменье дра-
гоцѣнное на корабли, и какъ совсѣмъ исправились —
пустились въ путь, а съ ними и Василій Безсчастной.
Дали знать Марку Богатому, что плыветъ его зять

съ двѣнадцатью кораблями и что наградилъ его Змѣй
несчетными богатствами. Марко Богатой разсердился,
приказалъ запречь повозку и поѣхалъ къ царю Змѣю
развѣдывать, какъ ему избыть своего ворога. Пріѣхалъ
къ перевощику, сѣлъ на паромъ; перевощикъ оттолк-
нулъ паромъ отъ пристани — и съ той самой поры
остался Марко Богатой на вѣки вѣчные перевозить
людей черезъ рѣку, съ одной стороны на другую. А
Василій Безсчастной прибылъ къ женѣ и тещѣ, сталъ
себѣ жить да поживать, да добра наживать, бѣднымъ
помогать, сирыхъ награждать — и, какъ было пред-
сказано, завладѣлъ всѣмъ имѣніемъ Марка Богатаго.

12. СОЛДАТЪ И СМЕРТЬ.

тслужилъ солдатъ полныя двадцать пять лѣтъ,
получилъ отставку и пошелъ странствовать по
бѣлому свѣту. Шелъ-шелъ, а на встрѣчу ему убогой
и проситъ милостину. У солдата всего-навсего было
три сухаря; отдалъ онъ убогому одинъ сухарь, а себѣ
оставилъ два. Пошелъ дальше; погодя немного попа-
дается ему другой нищій, кланяется и проситъ мило-
стину. Солдатъ подѣлился съ нимъ поровну: и ему
подалъ сухарь, и себѣ оставилъ сухарь. Прошло еще
сколько-то времени — повстрѣчался ему третій нищій,
сѣдой какъ лунь старецъ, кланяется и проситъ мило-
стину. Вынулъ солдатъ послѣдній сухарь и думаетъ:
«цѣлый дать — самому не останется, половину дать —

пожалуй, сойдется этотъ старикъ съ прежними нищи-
ми, увидитъ у нихъ по цѣлому сухарю и обидится;
лучше отдамъ ему весь, а самъ какъ-нибудь обой-
дусь!» Отдалъ послѣдній сухарь, и остался не при
чемъ. Вотъ старикъ его и спрашиваетъ: «скажи, доб-
рый человѣкъ, чего желаешь, въ чемъ нуждаешься? я
тебѣ помогу.» — Богъ съ тобой! отвѣчаетъ солдатъ;
съ тебя, старичокъ, взять нечего: ты самъ убогой! «Да
ты не смотри на мое убожество; только скажи, чего
желаешь? а ужъ я тебя награжу...» — Мнѣ ничего не
надо; а коли есть у тебя карты, такъ подари на память.
Старикъ вынулъ изъ-за пазухи карты и даетъ солдату:
«возьми, говоритъ; съ кѣмъ ни станешь играть въ эти
карты — всякаго обыграешь. Да вотъ еще: нà тебѣ
торбу! чтò ни встрѣтишь на дорогѣ: звѣря ли, птицу ли,
только распахни торбу да скажи: полѣзай сюда! — и
звѣрь, и птица сами въ нее полѣзутъ.» — Спасибо,
сказалъ солдатъ, взялъ карты и торбу и поплёлся своею
дорогою.

Шелъ близко ли — далеко ли, долго ли — коротко ли,
и пришелъ къ озеру, а на томъ озерѣ плаваютъ три
дикихъ гуся. Вотъ солдатъ и вздумалъ: «дай-ка я свою
торбу попробую!» Вынулъ ее, распахнулъ и говоритъ:
«эй вы, дикіе гуси! полетайте сюда.» И только вымол-
вилъ эти слова — какъ снялись гуси съ озера и при-
летѣли прямо въ торбу. Солдатъ завязалъ торбу, под-
нялъ на плеча и отправился дальше. Шелъ-шелъ и
пришелъ въ чужеземный городъ. Забрался въ трак-
тиръ и говоритъ хозяину: «возьми этого гуся и за-
жарь мнѣ къ ужину, другаго гуся отдаю тебѣ за хло-
поты, а третьего промѣняй мнѣ на водку.» Вотъ си-

дитъ солдатъ въ трактирѣ да угощается: выпьетъ вин-
ца, да гусемъ и закуситъ. И вздумалось ему погла-
зѣть въ окошко; смотритъ: стоитъ недалёко славный,
высокій дворецъ, только во всемъ дворцѣ нѣтъ ни од-
ного стекла цѣлаго. «Послушай, спрашиваетъ онъ хо-
зяина, что это за дворецъ и отчего онъ пустой сто-
итъ?» — Да вишь, говоритъ хозяинъ, царь нашъ вы-
строилъ этотъ дворецъ для себя, только жить-то въ
немъ нельзя. Вотъ ужъ десять лѣтъ пустѣетъ; всѣхъ
нечистая сила выгоняетъ! Каждую ночь собирается
тамъ чертовское сонмище, шумитъ, пляшетъ, въ кар-
ты играетъ... Солдатъ не сталъ долго раздумывать,
тотчасъ-же явился къ царю, вытянулся во фрунтъ и
сказалъ: «царь-государь! не прикажи казнить, прика-
жи слово говорить... Позволь мнѣ въ твоемъ запустѣ-
ломъ дворцѣ одну ночь переночевать.»—Что ты, служ-
ба! Богъ съ тобою! ужъ были такіе смѣльчаки, брались
ночевать въ этомъ дворцѣ, да никто живой не воро-
чался. «Эка! русской солдатъ ни въ водѣ не тонетъ,
ни въ огнѣ не горитъ. Служилъ я Богу и великому
государю двадцать пять лѣтъ, да не померъ; а то за
единую ночь у тебя пропаду!» — Я-жъ тебѣ говорю:
пойдетъ туда съ вечера живой человѣкъ, а къ утру
однѣ косточки останутся. Солдатъ на своемъ стоитъ:
пусти да пусти во дворецъ! «Ну, говоритъ царь, сту-
пай — коли хочешь; я съ тебя воли не снимаю.»

Пришелъ солдатъ въ запустѣлый дворецъ и распо-
ложился въ большой палатѣ; снялъ съ себя ранецъ и
саблю, ранецъ поставилъ въ уголокъ, а саблю на гвоз-
дикъ повѣсилъ; сѣлъ за столъ, вынулъ кисетъ съ таба-
комъ, набилъ трубку — и покуриваетъ себѣ. Вотъ

ровно въ двѣнадцать часовъ — откуда что взялось — набѣжало во дворецъ чертей видимо-невидимо, поднялись гамъ, крикъ, плясъ и музыка. «А и ты, служивой, здѣсь! завопили черти; зачѣмъ пожаловалъ? не хочешь ли поиграть съ нами въ карты?» — Отчего не хотѣть! только чуръ играть моими картами; вашимъ я не вѣрю. Сейчасъ вынулъ свои карты и началъ сдавать. Разъ сыграли — солдатъ выигралъ, въ другой — опять солдатъ выигралъ; сколько не ухитрялись нечистые, а всѣ деньги спустили солдату: онъ знай себѣ загребаетъ! «Постой, служивой! говорятъ черти; есть у насъ въ запасѣ пятьдесятъ четвериковъ серебра да сорокъ золота; давай-ка играть на это серебро, на это золото!» —и посылаютъ они чертёнка таскать запасные мѣшки.

Принялись снова за игру — солдатъ все обыгрываетъ ужь чертёнокъ таскалъ-таскалъ, все серебро перетаскалъ, запыхался и говоритъ своему лысому дѣдушкѣ «позволь отдохнуть немножко!» — Вотъ я тебя! таскай, пострѣлъ, золото! Чертёнокъ бросился за золотомъ, таскалъ-таскалъ, цѣлый уголъ завалилъ, а толку все нѣту... все солдатъ обыгрываетъ. Жалко стало чертямъ своихъ денегъ; вотъ они и давай приставать къ солдату, да какъ заревутъ: «разорвемъ его, братцы!» А солдатъ схватилъ торбу, распахнулъ и спрашиваетъ: «а это что?» — Торба, отвѣчаютъ черти. «А ну, полѣзайте въ торбу!» Только вымолвилъ эти слова — и полѣзли черти въ торбу; да и много-жъ набралось ихъ, чуть ни давятъ другъ дружку! Солдатъ завязалъ торбу покрѣпче, повѣсилъ ее на стѣнку, потомъ улёгся на мѣшкахъ и спалъ до разсвѣту.

Поутру посылаетъ царь своихъ людей: «ступайте, провѣдайте — что съ солдатомъ дѣется? Коли пропалъ, такъ приберите его косточки.» Посланные прибѣжали во дворецъ, смотрятъ — а солдатъ весело по комнатамъ похаживаетъ да трубочку покуриваетъ. «Здорово, служивой! не чаяли увидать тебя живаго... Ну, какъ почевалъ, какъ съ чертями поладилъ?»—Что черти! вы посмотрите, сколько я серебра да золота у нихъ выигралъ: вишь какіе ворохи! Царскіе люди дивуются, глазамъ не вѣрятъ. «Ну, чего рты разинули! говоритъ солдатъ; приведите-ка скорѣе двухъ кузнецовъ, да велите имъ, чтобы взяли съ собой наковальню и мòлоты.» Сказано — сдѣлано: явились кузнецы съ наковальнею, съ тяжелыми мòлотами. «А ну, приказываетъ имъ солдатъ, снимите-ка эту торбу да пріударте ее по кузнечному.» Стали кузнецы снимать торбу и говорятъ промежъ себя: «ишь какая тяжелая! черти — что ли въ ней напиханы!» А черти откликаются: «мы, батюшки! мы, родимые!» Кузнецы поставили наковальню, положили на ней торбу и давай постукивать молотами, словно желѣзо куютъ. Жутко пришлось нечистымъ, не въ моготу стало терпѣть, завопили на весь домъ: «смилуйся, служивой! выпусти на вольный свѣтъ, по вѣкъ тебя не забудемъ; а ужъ въ этотъ дворецъ ни одинъ чортъ не зайдетъ... всѣмъ закажемъ, за сто верстъ отъ него бѣгать будемъ!» Солдатъ остановилъ кузнецовъ, и только что̀ развязалъ торбу — черти такъ и прыснули! выскочили вонъ и пустились безъ оглядки — кто куда попало. Да не всѣмъ удалось выскользнуть: одного хромаго чорта солдатъ задержалъ въ своей торбѣ заложникомъ.

Какъ скоро доложили про все это по начальству, царь призвалъ солдата, похвалилъ его и оставилъ жить при себѣ. Славное вышло ему житье: всего вдоволь, денегъ куры не клюютъ, люди въ поясъ кланяются, и вздумалъ солдатъ жениться. Прiискалъ себѣ невѣсту, сыгралъ свадьбу, а черезъ годъ послѣ того далъ ему Богъ сына. Вотъ какъ-то и приключилась этому мальчику хворь, да такая, что̀ и вылѣчить нельзя; ужъ сколько лѣкарей да знахарей перебывало, а толку все ни на грошъ! Вспомнилъ солдатъ про хромаго чорта, притащилъ торбу и спрашиваетъ: «живъ-ли ты, хромой?» — Живъ, служивой! что твоей милости надо? «А вотъ что̀: захворалъ у меня сынишка, не знаешь ли — какъ его вылѣчить?» — Знаю, только напередъ изъ торбы выпусти! «А какъ ты надуешь?» Хромой заклялся, что у него и на мысляхъ того нѐ было. Солдатъ развязалъ торбу, чортъ вылѣзъ оттуда, досталъ изъ кармана стаканъ, налилъ его ключевою водою, поставилъ хворому въ изголовье и говоритъ: «поди-ка, служивой! посмотри нá воду.» Солдатъ смотритъ нá воду, а чортъ его спрашиваетъ: «ну, что видишь?» — Вижу костлявую Смерть. «Гдѣ она стоитъ?» — Въ ногахъ у моего сына. «Ну, если въ ногахъ, такъ здоровъ будетъ; а еслибы въ головахъ стояла — непремѣнно-бъ померъ! Возьми-ка теперь стаканъ да брызни на хвораго.» Солдатъ брызнулъ на мальчика, и въ туже минуту онъ выздоровѣлъ... «Спасибо!» сказалъ солдатъ, отпустилъ хромаго на волю, а стаканъ себѣ взялъ; съ той поры сдѣлался онъ знахаремъ, сталъ лѣчить и бояръ, и генераловъ; только посмотритъ въ стаканъ— и сейчасъ-же узнаетъ: кому помереть, кому выздороветь.

Долго ли, коротко ли — случилось заболѣть самому царю. Позвали солдата; вотъ онъ налилъ стаканъ ключевой воды, поставилъ его царю въ изголовье, посмотрѣлъ — и что-же? Смерть тутъ-же въ головахъ стоитъ. «Царь-государь! говоритъ солдатъ, никто тебя не сможетъ вылѣчить; всего-нáвсего остается тебѣ жить три часа!» Отъ тѣхъ рѣчей царь сильно разгнѣвался: «какъ такъ! закричалъ онъ на солдата; ты многихъ бояръ и генераловъ вылѣчивалъ, а меня не хочешь... развѣ я хуже ихъ? сейчасъ повелю казнить тебя смертію!» Вотъ солдатъ думалъ-думалъ: что ему дѣлать? и началъ упрашивать Смерть: «отдай, говоритъ, царю мой вѣкъ, а меня умори; все равно приходится мнѣ погибать — такъ ужъ лучше отъ тебя умереть, чѣмъ лютую казнь принять!» Заглянулъ въ стаканъ — Смерть кивнула ему головой и стала у царя въ ногахъ. Солдатъ брызнулъ на больнаго, и больной выздоровѣлъ и всталъ съ постели... «Ну, Смерть! проситъ солдатъ, дай мнѣ сроку хоть на три часа; дозволь домой сходить да съ женой и сыномъ проститься.» — Ступай! отвѣчаетъ Смерть. Пришелъ солдатъ домой, лёгъ на кровать и крѣпко разболѣлся. А Смерть уже явилась, въ головахъ стоитъ: «прощайся, служивой, скорѣе! всего три минуточки осталось жить тебѣ на бѣломъ свѣтѣ.» Солдатъ потянулся, досталъ со стѣны свою торбу, распахнулъ ее и спрашиваетъ: «а это что?» Смерть отвѣчаетъ: «торба.» — Ну, коли торба, такъ полѣзай въ нее! — и въ туже минуту Смерть очутилась въ торбѣ. Солдатъ (куда и хворь его дѣвалась!) вскочилъ съ постели, завязалъ торбу крѣпко-нàкрѣпко, взвалилъ ее на плеча и пошелъ въ лѣса дремучіе, лѣса Брянскіе. Пришелъ въ лѣса и повѣсилъ ее на горькой осинѣ, на самой вершинѣ, а самъ домой воротился.

Съ той поры-съ того времени не сталъ народъ помирать: рождаться — рождается, а не помираетъ! Много лѣтъ прошло, солдатъ все торбы не снимаетъ. Случилось однажды идти ему по городу; попадается ему на встрѣчу древняя-древняя старушка: въ которую сторону вѣтеръ подуетъ, въ ту и вàлится. «Вишь какая старая! сказалъ солдатъ; чай, давно ужь помирать пора!» — Да, батюшка! отвѣчала старуха; еще въ то время, какъ посадилъ ты Смерть въ торбу, оставалось всего моего житья на бѣломъ свѣтѣ одинъ только часъ. Я бы и рада на покой, да безъ Смерти земля не принимаетъ, и тебѣ, служивой, за это отъ Бога великое наказаніе! вѣдь ни одна душа на свѣтѣ также, какъ я, мучится! Вотъ солдатъ и раздумался: «видно надобно Смерть выпустить; ужъ пускай уморитъ меня! и безъ того на мнѣ грѣховъ много...» Собрался и пошелъ въ лѣса Брянскіе; подходитъ къ осинѣ и видитъ: виситъ торба высоко-высоко и качаетъ ее вѣтромъ въ разныя стороны. «А что, Смерть, жива?» спрашиваетъ солдатъ. Она изъ торбы едва голосъ подаетъ: «жива, батюшка!» Снялъ солдатъ торбу, выпустилъ Смерть — и проситъ, чтобы скорѣй его уморила; а она какъ пустится бѣжать!... только ее солдатъ и видѣлъ!

Воротился солдатъ домой и долго-долго жилъ послѣ этого на бѣломъ свѣтѣ; казалось, и кончины ему не будетъ, да вотъ на дняхъ померъ!

13. РАЗБОЙНИКИ.

Былъ да жилъ богатый мужикъ съ женою; у нихъ была дочка Алёнушка. Вотъ этого мужика позвали на свадьбу; онъ собрался ѣхать съ женою, а дочь оставляетъ домосѣдкою. — Матушка! я боюсь оставаться одна, говоритъ Алёнушка матери. «А ты собери подружекъ на посидѣлки, и будешь не одна.» Отецъ и мать уѣхали, а Алёнушка собрала подружекъ; много сошлось ихъ съ работою: кто вяжетъ, кто прядетъ. Одна дѣвица уронила невзначай веретено;

оно покатилось и упало въ трещину, прямо въ по-
гребъ. Вотъ она полѣзла за веретеномъ въ погребъ,
сошла туда, смотритъ, а тамъ за кадушкою сидитъ
разбойникъ и грозитъ ей пальцемъ. «Смотри, говоритъ
онъ, не разсказывай никому, что я здѣсь, а то не быть
тебѣ живою!» Вылѣзла дѣвица изъ погреба блѣдная-
блѣдная, разсказала все шопотомъ одной подружкѣ,
та другой, а эта третьей, и всѣ перепуганныя стали
собираться домой. «Куда вы? уговариваетъ ихъ Алё-
нушка, постойте, еще рано.» Кто говоритъ, что ей
надо по̀ воду идти; кто говоритъ, что ей надо за коро-
вой присмотрѣть, холстъ къ сосѣду отнести, ѝзбу при-
брать, — и всѣ ушли. Осталась одна Алёнушка.

Разбойникъ услыхалъ, что все прiутихло, вышелъ
изъ погреба и говоритъ ей: «здравствуй, красная дѣ-
вица, пирожная мастерица!» — Здравствуй! отвѣчаетъ
Алёнушка. Разбойникъ осмотрѣлъ все въ избѣ, и вы-
шелъ посмотрѣть еще на дворѣ; а Алёнушка тѣмъ
временемъ поскорѣй двери на запоръ и огонь поту-
шила. Разбойникъ стучится въ ѝзбу: «пусти меня! не
то — зарѣжу!» — Не пущу; коли хочешь, полѣзай въ
окно! — а сама приготовила топоръ. Только разбой-
никъ просунулъ въ окно голову, она тотчасъ ударила
топоромъ и отрубила ему голову, а сама думаетъ:
скоро прiѣдутъ другiе разбойники, его товарищи; что
мнѣ дѣлать? Взяла отрубленную голову и завязала въ
платокъ; послѣ притащила убитаго разбойника, раз-
сѣкла его на части и поклала въ мѣшки. Прошло ни
много-ни мало времени, прiѣхали разбойники и спра-
шиваютъ: «справился ли?» — они думали, что това-
рищъ ихъ живъ. «Справился, говоритъ Алёнушка голо-

сомъ разбойника; вотъ два мѣшка денегъ, вотъ масло, а вотъ ветчина!» — и подаетъ приготовленные узлы и мѣшки въ открытое окно. Разбойники забрали все это, да нà возъ. «Ну, поѣдемъ!» говорятъ они. — Поѣзжайте, говоритъ Алёнушка, а я посмотрю: нѣтъ ли еще чего. Тѣ сейчасъ-же и уѣхали.

Разсвѣло. Мужикъ съ женою воротились со свадьбы. Алёнушка разсказала имъ все, какъ было: «такъ и такъ, сама разбойниковъ побѣдила!» А разбойники пріѣхали домой, да какъ поглядѣли въ узлы и мѣшки, такъ и ахнули: «ахъ, она такая-сякая! хорошо-же, мы ее сгубимъ!» Вотъ нарядились они хорошо-хорошо и пріѣхали къ мужику свататься за Алёнушку, а въ женихи ей выбрали дурачка. Алёнушка смѣтила ихъ по голосу и говоритъ отцу: «батюшка! это не сваты, это тѣже разбойники, чтò прежде пріѣзжали.» — Что ты врёшь? говоритъ отецъ, они такіе нарядные! — а самъ-то радъ, что такіе богатые да хорошіе люди пріѣхали свататься за его дочь, и приданаго не берутъ. Алёнушка плакать — ничего не помогаетъ. «Мы тебя изъ дому прогонимъ, коли не пойдешь теперь замужъ!» говорятъ мужикъ съ женою. И просватали ее за разбойника и сыграли свадьбу. Свадьба была самая богатая.

Повезли разбойники Алёнушку къ себѣ, и только въѣхали въ лѣсъ — стали совѣтъ держать: «что-жъ, здѣсь станемъ ее казнить?» А дурачокъ говоритъ: «хоть бы она денёчекъ прожила, я бы на нее поглядѣлъ!» — Ну, что тебѣ дураку глядѣть! «Пожалуста, братцы!» Разбойники согласились обождать, поѣхали и привезли Алёнушку къ себѣ, пили-пили, гуляли-гу-

ляли; потомъ и говорятъ: «что-жъ, теперь пора ее каз-
нить!» А дурачокъ: «братцы! погодите хоть до утра.»
— Ну, дуракъ! она пожалуй еще уйдетъ! «Нѣтъ! я за
ней присмотрю; пожалуста, братцы!» Разбойники усту-
пили его просьбамъ, и оставили молодыхъ въ особой
клѣти. Вотъ Алёнушка и говоритъ мужу: «выпусти
меня на дворъ, я подышу свѣжимъ воздухомъ!» — А
ну какъ наши-то услышатъ? «Я потихонечку; пусти
хоть въ окошко.» — Я бы пустилъ, да ты уйдешь!

«А ты привяжи меня; у меня есть славный холстъ, отъ матушки достался: обвяжи меня холстомъ и выпусти, а когда потянешь — я опять въ окно влѣзу.» Дурачокъ обвязалъ ее холстомъ. Алёнушка спустилась въ окно, поскорѣй отвязалась, замѣсто себя привязала козу за рога, и немного погодя говоритъ: «тащи меня!» — а сама бѣжать... Дурачокъ потащилъ, а коза — мекеке, мекеке! Что ни потянетъ, коза все — мекеке да мекеке! «Что ты мекекаешь? говоритъ дурачокъ, наши услышатъ и сейчасъ тебя изгубятъ.» Притащилъ, хвать — а за холстъ привязана коза. Дурачокъ испугался и не знаетъ что дѣлать: «ахъ, она проклятая! вѣдь обманула.» Поутру входятъ къ нему разбойники. «Гдѣ твоя молодая?» спрашиваютъ его. — Ушла. «Ахъ, ты — дуракъ, дуракъ! вѣдь мы-жъ тебѣ говорили, такъ нѣтъ — все упрашивалъ!»

Сѣли верхами и поскакали нагонять Алёнушку; ѣдутъ съ собаками, хлопаютъ бичами да свищутъ — такая страсть! Алёнушка услыхала погоню и влѣзла въ дупло сухаго дуба, сидитъ тамъ ни жива, ни мертва, а вокругъ этого дуба собаки такъ и вьются. «Нѣтъ ли тамъ ее? говоритъ одинъ разбойникъ другому; ткника, братъ, туда ножемъ.» Тотъ ткнулъ ножемъ въ дупло и попалъ Алёнушкѣ въ колѣнку. Только Алёнушка была догадлива, схватила платокъ и обтёрла ножъ. Посмотрѣлъ разбойникъ на свой ножъ и говоритъ: «нѣтъ, ничего не видать!» И опять они поскакали въ разныя стороны, засвистали и захлопали.

Когда все стихло, Алёнушка вылѣзла изъ дупла и побѣжала; бѣжала-бѣжала, и слышитъ опять погоню.

А по дорогѣ, видитъ она, ѣдетъ мужикъ съ корытами
и лотками. «Дяденька, спрячь меня подъ корыто!» про-
ситъ она. — Эка, ты какая нарядная! ты вся выма-
раешься. «Пожалуста спрячь! за мной разбойники го-
нятся.» Мужикъ раскидалъ корыта, положилъ ее подъ
самое нижнее, и опять сложилъ. Только что успѣлъ
кончить, какъ наѣхали разбойники. «Что, мужикъ, не
видалъ ли такой-то женщины?» — Не видалъ, родимые!
«Врёшь! сваливай корыта.» Вотъ онъ сталъ сбрасы-
вать корыта и посбросалъ ужь всё, кромѣ послѣдняго.
«Нечего, братцы, здѣсь искать; поѣдемте дальше!»
сказали разбойники и поскакали съ гамомъ, свистомъ
и хлопаньемъ.

Когда все стихло, Алёнушка и проситъ: «дяденька,
пусти меня!» Мужикъ выпустилъ ее, и она опять по-
бѣжала; бѣжала-бѣжала, и слышитъ новую погоню. А
по дорогѣ, видитъ она, ѣдетъ мужикъ — везётъ кожи.
«Дяденька, спрячь меня подъ кожами! за мной разбой-
ники гонятся.» — Эка, вишь ты какая нарядная! подъ
кожами вся вымараешься. «Ничего, только спрячь!»
Мужикъ раскидалъ кожи, положилъ ее подъ самую
нижнюю, и опять сложилъ все по прежнему. Только
что успѣлъ кончить, какъ наѣхали разбойники. «Что,
мужикъ, не видалъ ли такой-то женщины?» — Не ви-
далъ, родимые! «Врёшь! сваливай кожи.» — Да зачѣмъ,
родимые, стану я разбрасывать свое добро? Разбойни-
ки кинулись сбрасывать сами, и посбросали почти всѣ
кожи: только двѣ-три оставалось. «Нечего, братцы,
здѣсь искать; поѣдемте дальше!» сказали они и поска-
кали съ гамомъ, свистомъ и хлопаньемъ.

Когда не стало слышно ни стуку этого, ни грому, Алёнушка и проситъ: «дяденька, пусти меня!» Мужикъ выпустилъ ее, и она опять побѣжала; бѣжала-бѣжала и въ самую полночь воротилась домой, легла въ стогъ сѣна, закопалась туда вся и заснула. Разсвѣло. Отецъ ея пошелъ давать коровамъ сѣна, и только воткнулъ вилами въ сѣно — Алёнушка и схватилась руками за вилы. Мужикъ оробѣлъ, крестится и говоритъ: «съ нами крестная сила! Господи помилуй!» Потомъ уже спросилъ: «кто тамъ?» Алёнушка узнала отца и вылѣзла изъ сѣна. «Ты какъ сюда попала?» — Такъ и такъ... вы отдали меня разбойникамъ; они хотѣли меня казнить, да я убѣжала!—и разсказываетъ всѣ страсти.

Немного погодя, прiѣзжаютъ къ этому мужику разбойники; а онъ Алёнушку спряталъ. «Жива ли, здорова ли дочка?» спрашиваетъ мужикъ. — Слава Богу! она осталась дома хозяйничать, отвѣчаютъ разбойники; сѣли за столъ и повели бесѣду, а мужикъ тѣмъ времячкомъ созвалъ солдатъ, вывелъ дочь и спрашиваетъ: «а это кто?»

Тутъ разбойниковъ похватали, въ кандалы заковали и отправили въ тюрьму.

14. ЗЛАЯ ЖЕНА.

Злая жена худо съ мужемъ жила, ничего мужа не слушала. Велитъ мужъ раньше вставать, такъ она трое сутокъ спитъ; велитъ мужъ спать, она и глазъ не зажмуритъ. Велитъ мужъ блины печь, она закричитъ: «не стóишь, воръ, блиновъ!» Мужъ скажетъ: «не пеки, жена, блиновъ, коли не стóю!» а она выпечетъ кринку ведра въ два и суётъ ему въ глотку: «ѣшь, негодный, чтобъ все было съѣдено!» Только мужъ помаялся съ нею, помаялся, пошелъ съ горя въ лѣсъ по ягоды и набрѣлъ на кустъ смородины, а подъ тѣмъ кустомъ была бездонная яма; поглазѣлъ онъ и смекнулъ: «что я живу съ злою женою, всю жизнь свою маюся? не могу ли я ее проучить, въ эту яму засадить?» Пришелъ въ избу и говоритъ: «не ходи, жена, въ лѣсъ за ягодами.» — Нѣтъ, пойду! «Я нашелъ кустъ смородины, не рви съ него.» — Нѣтъ, сама оберу, тебѣ не дамъ ни ягодки! Мужъ пошелъ въ лѣсъ, жена за нимъ; приходятъ къ смородинѣ, жена подскочила къ кусту и кричитъ на мужа: «не подходи, воръ! убью!» Оступилась — и бухъ въ бездонную яму...

Мужикъ воротился въ избу, прожилъ трое сутокъ безъ бабы, а на четвертые пошелъ ее провѣдывать; взялъ длинную бичеву, опустилъ въ ямищу, сталъ тащить кверху, и видитъ, что за веревку ухватился

чертёнокъ; испугался и хотѣлъ былò того чертёнка въ яму сбросить. А нечистый завопилъ жалобнымъ голосомъ: «добрый человѣкъ! не бросай въ яму, пусти на свѣтъ; пришла къ намъ злая жена, всѣхъ-то прикусала, прищипала... тошно намъ! Я тебѣ добромъ заплачу́!» Мужикъ сжалился и, пустилъ его на вольный свѣтъ. «Ну, мужичокъ! говоритъ чертёнокъ, пойдемъ со мною во градъ Вологду: я стану людей морить, а ты — лѣчить.» И пошелъ чертёнокъ по купеческимъ женамъ и дочерамъ, принялся ихъ мучить: стали онѣ дурѣть, стали онѣ болѣть. А мужикъ выдалъ себя за лѣкаря, и куда бы его не позвали — только что̀ онъ въ домъ покажется — нечистый сейчасъ вонъ, болящіе выздоравливаютъ, печаль смѣняется общею радостью. Повалило мужику счастье: и деньги ему даютъ, и пирогами его кормятъ. Вотъ чертёнокъ и говоритъ: «довольно съ тебя, мужичокъ! Теперь я пойду въ дочь богача; смотри, не ходи ее лѣчить: не то — съѣмъ тебя!» Дѣвица, богачева дочь, заболѣла и такъ задурѣла, что и приступиться къ ней нельзя; тòтчасъ бросились слуги за мужикомъ, подхватили его и представили на хозяйскій дворъ: «лѣчи! говорятъ; коли не вылѣчишь — головой поплатишься!» Какъ быть? рѣшился мужикъ подняться на хитрости: приказалъ, чтобы всѣ кучерà и конюхи и слуги бѣгали по улицѣ, мимо хозяйскаго дому, щелкали бы въ арапники да во всю мочь кричали: «злая жена пришла! злая жена пришла!» а самъ пошелъ въ хоромы. Увидалъ его чертёнокъ, озлился и говоритъ: «что ты, русской! зачѣмъ пришелъ? вотъ я-жъ до тебя доберусь!» — Полно! отвѣчаетъ мужикъ, я пришелъ, тебя жалѣючи, повѣстить, что злая жена назадъ воротилась. Чертёнокъ вскочилъ на окошко, вытаращилъ глаза и сталъ прислушиваться, а на улицѣ благимъ матомъ кричатъ: «злая жена пришла! злая жена пришла!» — Мужичокъ! мнѣ-то куда дѣваться? «Ступай опять въ ямищу; она больше туда не покажется...» Чертёнокъ кинулся въ яму и пропалъ безъ вѣсти; дѣвица выздоровѣла и пошла прыгать да пѣсенки распѣвать. За это отецъ ея мужика наградилъ — отдалъ ему половину имѣнія, а злая жена и понынѣ въ ямѣ сидитъ.

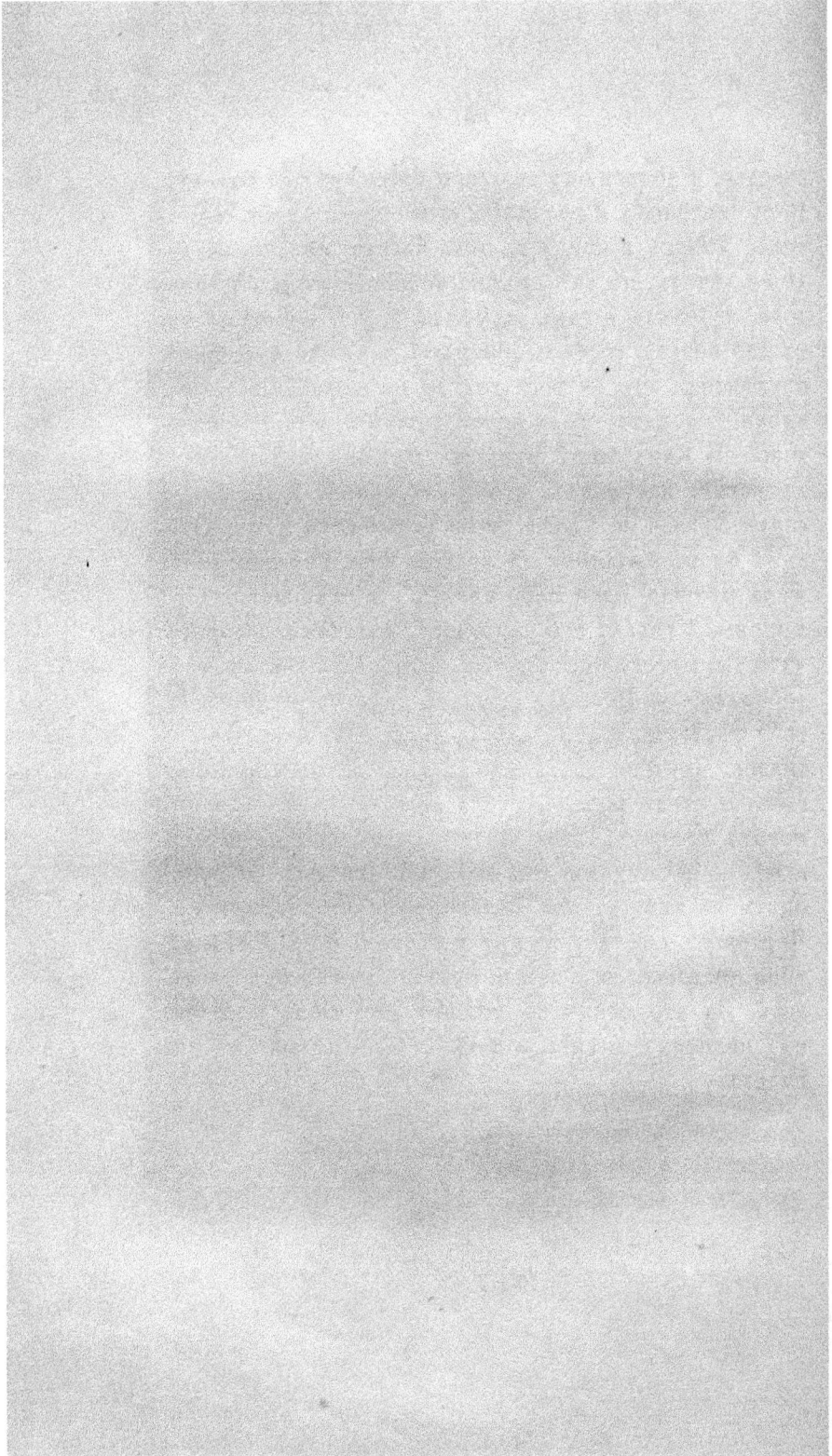

ОГЛАВЛЕНІЕ.

www.ingramcontent.com/pod-product-compliance
Lightning Source LLC
Chambersburg PA
CBHW051346290326
41933CB00042B/3243